シニア世代の食材冷凍術

楽らく
ムダなく
健康に

医学博士・管理栄養士
本多 京子

講談社

はじめに

「人生百年時代」と言われるいま、どうせ長生きするなら、できるだけ健康で、自分のことは自分の力で乗りこえ、明るく前向きに暮らしていきたいものです。

六十代半ばに、自宅のリフォームを機に、暮らしをコンパクトにしました。いままで暮らしていた家のスペースも三分の一に、家具は必要な人にゆずりわたし、本も食器もすべて三分の一にダウンサイズしました。この話をすると、友人たちから返ってくるのが、「私もやりたいけれど、どこから手をつければよいのかしら?」という声です。

まず、自分にとって一番大切なものは何か。これをクリアにすることから手をつければよいのではないかと思います。私は医学博士として、また管理栄養士として、長年「食」を仕事にしてきました。私にとって一番大切なのは「食」です。ですから、食を中心に据えて、暮らしを整えていきました。

あれから数年経ち、実際にコンパクトになったわが家に暮らしてみて、自分の選択は正しかったと実感しています。文字通り、キッチンをど真ん中に据えたわが家は、とても快適です。食を中心に暮らしが回っていく、そんな毎日の中で、「これは私に限ったことではなく、誰にとっても有意義な暮らし方なのではないかしら？」と改めて感じるようになりました。

人は食べなければ生きていけません。何を食べたかで、その人が作られます。シニア世代は「暮らしはコンパクト」にしても、「食はコンパクトにしてはいけない」と思います。なぜなら、食の大切さは、いくつになっても変わらないからです。若いときは食欲もあり、たくさん食べられますが、シニア世代は、量よりも「質」にこだわらなければなりません。そのためには、一度の食事を充実させる必要があります。

では、「食の充実」とはどんなことでしょうか。

・多種類の食材を食べること
・旬の食材を食べること
・さまざま調理法で食べること

などでしょうか。すべてをかなえるのは難しいことのように思えます。でも、これらをかなえてくれるのが、「冷凍」だと、私は思っています。

若い世代の冷凍術は、時短と節約のためのテクニックです。毎日仕事や子育てで忙しい世代の方は、週末に買いだめした食材で「作り置き」して「冷凍」し、平日はちゃちゃっと仕上げるだけで食べられるようにするという、理にかなった冷凍術です。

でも、シニア世代の冷凍術はそうではないと思います。それより、それぞれの食材を生かし、ムダを省いて食卓をゆたかにする冷凍術が必要だと思います。

そして、一日三回、食を大切に暮らしていけば、暮らし全体が規則正しくなり、健康寿命ものばせます。買い物に出かければ、運動にもなりますし、スーパーで商品を見れば、社会での変化を知ることになります。

追われていたことでしょう。そろそろ、「食事作りからはもう卒業したい」と思う方もいらっしゃるかもしれません。

実際、「食べてくれる人がいないと、作るはり合いがない」「夫と二人だと、作っても全然減らない」「たくさん作っても結局食べきれずに飽きてしまう」という声や、「体力が落ちて料理をするのが億劫《おっくう》」「それほどお腹もすかないので、食事は一日二回で充分」という声もよく耳にします。

シニア世代に突入すると、なんとなくいままで通りにはいかないな、と感じ始めるものです。でも、心身の健康を保つためのキーワードはとてもシンプル。それは、「環境が変わったら自分も変わること」です。

家族の形が変わって、自分の体もなんだか変わってきたな、と感じたら、「食」も状況に応じて変えていく必要があるでしょう。

長年の積み重ねを変えるのは容易ではなく、状況に合わせた「臨機応変」が必要になってきますが、暮らし方や食べ方を見直せば、自分と自分の未来は変えられるのです。

自分が食べたいものを最優先に

あと何年あるか分からない未来。でも、若いころに比べれば、いくらか先が見通せるのがシニア世代。そんな世代だからこそ、これからの人生、少しわがままになってもよいのではないかと思います。もっと自分を大切にして「自分が食べたいもの」を優先させてもよいのではないでしょうか。

ご主人とお二人だったとしても、ご主人の食べたいものは三回に一回ぐらいにして、ご自分の食べたいものを優先してみてはいかがでしょう。家族のため、誰かのためではなく、自分のために料理をすれば、もっと三度の食事作りが楽しくなります。

現在の私は、娘夫婦や孫のために食事を作ることもありますが、基本的には日々自分のための食事を作っています。自分の健康のため、自分の未来のために、食材に向き合って、ムダなく使い切る料理を心がけています。

一人分の食事を作るのに一番迷うのは買い物ではないでしょうか。「一人では食べきれないな」「もったいないな」という心配が常につきまといます。

例えば切り身魚。近所のスーパーに行って並んでいる魚を見るだけで季節感が感じられるので、私は魚が好きです。ただ、一パック三切れ入りだと一度の食事では食べきれません。かといってわざわざ一切れ買うのはなんだか気が引けますし、値段も高くつきます。

そんなときこそ「冷凍保存」。買ったその日はグリルで焼いてシンプルに「塩焼き」で。残りの二切れはみりんやしょうゆと一緒にフリーザーバッグ（冷凍保存袋）に入れて、冷凍します。こうすれば、冷凍している間に下味がしっかりつくので、食べるときは、自然解凍後グリルかフライパンで焼くだけ、という簡単さ（P110参照）。しかも使うのはフライパンかグリルだけなので、洗いものの手間も省けます。

ねぎだって、にんじんだって、一本でも買えるけど、三本セットのほうがお得です。食べきれないかも、と思うと一本買いしますが、ちゃんと食べきれるという自信があれば、安心して割安の三本買いができます。ちょっとした冷凍のアイデアを知っていれば時間とお金の節約につながるのです。

自分で料理をすると「五つの得」

ちゃんと作ってちゃんと食べれば未来が変わる

「自分で食事を作って、自分で食べる」ということは、日常のささいなことです。特に料理をしなくても生きていけるいまの時代、料理は「やってもやらなくてもよいこと」ですし、やるかやらないかは、「好みの問題」のように聞こえると思います。

でも私は、シニア世代が一日三回の食事をできるだけ自分で作って、きちんと食べて、それに満足する、ということは、実は社会全体の利益につながっているのではないかと思っています。

とにかく忙しい現代人。時間に追われて、やるべきことを優先して「食」を後回しにしてきた方が本当に多いと思います。シニア世代に入るタイミングは、それまでの流れをリセットするチャンスでもあります。それをできるかできないかで、その後の数十年の「毎日の暮らしの質」が変わると私は思っています。その理由をお話ししましょう。

料理の得　その一
味の本質が見えて選択肢が広がる

六十代以降はあれこれとたくさん食べるのではなく、それぞれの素材の味をしっかり感じながらいただく……。レストランで食べる特別な食事でなくても、ふだんの三食をそんなふうに楽しめれば一番よいと思います。

六十代からはどうしても食べられる絶対量は減ってきます。だからこそ、コンパクトでもそれまで以上に良質な食事が大切になってくるのです。

では、良質な食事ってどんなものでしょう。それを考える前に、まず「おいしさ」とは何なのか？　という所から始めなければなりません。

レストランの料理や、デパ地下で売られているお惣菜は、確かにおいしそうです。でも、そのおいしさの正体が何なのか。外食やできあいのお惣菜ばかりの生活だと、おいしさの正体は分からないまま食べることになります。食べるだけでは、どんな食材や調味料を使って、どのような調理法で作られた料理なのか、知りようがないのです。

ところが、自分で買い物に行って、自分で材料を切って、自分で煮たり焼いたりして、自分で味つけをする、ということを日常的にやっていると、どれくらいの塩を入れて、どれくらいの砂糖を入れて、どれくらいの油を使えば、その味になるのか、おいしさの正体が見えるようになるのです。

実際に作ってみると、思った以上にたくさんの塩、砂糖、油を使わないと、あのおいしさにはならないことに気づきます。多めの塩、多めの砂糖、多めの油で作られた料理を「おいしい料理」だと思っている人がほとんどですが、実はそれは「味が濃い料理」だったのだ、ということに気づくと思います。

その濃い味に慣れてしまうと、気づかないうちに塩、砂糖、油脂の摂りすぎにつながってしまい、それを続ければ生活習慣病になりかねません。

「健康寿命」をのばしたいと思うなら、こうした「見えない砂糖」「見えない塩」「見えない油脂」に気づくことが必要です。

ただ、決して外食やできあいの惣菜が悪いと言っているわけではありません。私自身、時には外食もしますし、惣菜を買うことも。毎日三回の食事を一からすべて手作りしているわけではありません。常温で長期間保存できる缶詰や、温めるだけのレトルト食品はとても便利です。使わない手はありません。

でも、料理の経験がないと、そういった便利なものをそのまま食べることになりますが、料理の経験があれば、ひと手間加えてアレンジできます。そのひと手間が、塩分や脂肪分を調整したり、カロリーダウンにつながるのです。

そのとき活躍するのが自分で冷凍しておいた食材です。冷凍した食材とレトルト食材はとても相性がよく、この二つの組み合わせ方を覚えるだけでも、料理の幅が広がり、健康指数もアップします。

自分で食事を作っていれば、味の本質が見えるようになりますし、知識と経験を重ねることで、「応用力」がアップします。シニア世代にとっては、これまでの経験を生かせるチャンスだと思います。

料理の得 その二 買い物で「社会」が見えてくる

スーパーやお店に足を運ぶからこそ分かることがあります。

例えば八百屋さんでも魚屋さんでも、一番手前に並んでいて安価なものが旬の食材です。「あら、今年も枝豆が出てきたのね、もう夏ね」など、食材で季節を感じたり、ニュースで見聞きしたものが「売り切れ」だったり……。世の中の動きは売り場の商品や価格に反映されているからです。

ちなみに、時代のカラーを反映するものの一つが「植物油」です。

かつて、食用油のコーナーでスペースをとって陳列されていたのは「リノールサラダ油」でした。当時は「リノール酸」という油の中の脂肪酸が、コレステロールを下げる作用があるため、「コレステロールが気になる人にはいい」ということで、大きな注目を集めていました。

お中元やお歳暮など、デパートの高級な贈り物の中には、必ずと言っていいほど、「リノールサラダ油セット」が入っていたものです。

しかしその後、リノール酸は悪玉コレステロールであるＬＤＬとともに、善玉コレステロールであるＨＤＬをも下げてしまうということが分かってきて、人気は低迷。その後は善玉コレステロールはそのままで、悪玉コレステロールを下げる「オレイン酸」を含むオリーブ油が人気となり、世界中でもてはやされるようになりました。

いまはオリーブ油以外にも、亜麻仁油やえごま油など、「アルファリノレン酸」の多い油が注目され、商品棚に並ぶようになってきました。その理由は、アルファリノレン酸が魚を食べる機会が減っている現代人に不足しがちな成分だからです。

スーパーやコンビニに買い物に行けば、お菓子の棚の前を通ることがあります。お菓子の棚も、また時代を反映しています。

ポテトチップスは、いまもお菓子売り場には必ず置いてある人気商品です。昔に比べて、厚いもの、薄いもの、固いものなど食感や厚さがバラエティーゆたかになり、味つけも、昔ながらのシンプルな塩味やコンソメ味などから、トリュフやキャビアなど高級感が漂うもの、きりたんぽやみそカツなどご当地ものまであります。中には材料の芋の銘柄にまでこだわったものもあり、実にたくさんの種類が販売されています。

ポテトチップスなどのスナック菓子は、以前は大きな袋で売っているものがほとんどでした。割安感、お得感があったからです。

それが、最近では小袋で売られているものが増えました。小分けにすれば、食べすぎ防止につながり、カロリーも抑えられます。また、少ない量だからこそ、味に満足できるように、さまざまなバリエーションが楽しめるように作られているのかもしれません。

こうした工夫も「孤食」の時代の消費者のニーズや健康への意識の高さに、メーカーが応えた結果なのだと思います。

家族そろっての均一の食から、自分だけが楽しむ食へと時代の移り変わりを感じます。


このように、お店に出向いて実際に商品を見ることで、いまの社会の動きや変化をリアルに感じることができる、これは興味深いですよね。食は社会を反映しているのです。新聞で読んだことや、テレビのニュースで見聞きした情報がいちはやく実感できて、「なるほど」と感じることがよくあり、私はスーパーに買い物に行くことで脳が刺激されているな、と感じます。

またちょっと遠くまで買い物に出かけることで運動にもなりますし、お店の中を歩いたり、重い荷物を持って歩いたりすることが、筋トレにもなっています。

もう一つ気づくのが、冷凍食品の種類の多さです。シンプルな食材から、電子レンジで温めるだけで食べられる惣菜類まで、「こんなものまであるの⁉」と驚くほど、種類が豊富です。

冷凍室で食材を保存して、食べたいときに解凍して食べる、という習慣は、もはやすべての世代の人の暮らしに浸透していることを実感します。

だからこそ、その世代ごとに、暮らしにあった、本当に役に立つ冷凍術というものがあるのではないかと思っています。

料理の得　その三　段取ることで「脳トレ」になる

キッチンを見渡して「今日は何を作ろうかな」と考えたり、前日の残り物や冷蔵庫にある食材を使ってどうアレンジできるかしら？　と頭を巡らせる……。

こうして献立を考えて料理を作ることは、実はかなり知的な作業なのです。「いまある材料で何ができるか」そしてそれを作るためには「何を買い足せばいいか」「献立としての味のバランスや栄養面は？」とあれこれ考えることは、明らかに脳のトレーニングです。

また、献立が決まって、実際に料理をするときも、できあがりから逆算して、すべての料理を完成させるには「段取り力」が必要です。

例えば、ご飯、みそ汁、鯵《あじ》の干物、ほうれんそうのおひたし、という献立を作るとします。料理を一番おいしい状態で食べられるようにするための順番は、こんな感じでしょうか。

①　米を研いで浸水させ、炊飯器のスイッチを入れる
②　だしをひき、みそ汁の具を切って、鍋にかける
③　別の鍋に湯を沸かしながら、ほうれんそうを洗う
④　ほうれんそうを鍋に入れてゆで、冷水にさらして絞り、食べやすく切る
⑤　鯵の干物を焼く

こうしておけば、鯵が焼き上がるころには、ご飯も炊けています。あとは、みそ汁の仕上げにみそを溶き、すべてを盛りつければ、できあがりです。

ふだんから料理をしている方であれば、この献立を作るのに、鯵の干物から焼き始める方はいらっしゃらないはずです。料理には、まず何からとりかかり、どう進めていくか、という「順序だてて考える」ことが必要なのです。

でも、これは実はけっこう頭を使うことなのです。ですから、長年台所に立って、料理を作ってきた方は、しない方に比べるとものごとの処理能力にも差が出てくるはずです。

最近は料理をする男性もだいぶ増えてきましたが、少し前までは、男性のための料理教室には料理初心者の方が多く、この献立を作るのに、どこから手をつけたらいいか分からない、という方もけっこういらっしゃいました。

でも、毎日くり返していくうちに、自然と段取りよくできるようになるものです。たまにしかやらないとなかなか上達しません。料理は続けることが大事なのです。続けることで、段取り力をキープしていれば、年齢を重ねても判断力が鈍らずにすみます。料理をすることは、脳と体の若さを保つ秘訣でもあるのです。

実際、料理を仕事にしている料理研究家や料理人の方々と接すると、みなさんいくつになっても、元気でイキイキと仕事をされていて、料理は脳の活性化につながっていることを実感します。認知症予防にも、料理が推奨されていることはご存じの方も多いことでしょう。

もう一つ、頭の体操になるのが、食材から料理のストーリーを作って、食材を無駄なく使い切るよう段取ることです。

　みなさんは、買い物に行くときは、買うものを決めてから行きますか？　それともスーパーで棚を見てから何を買うか決めますか？　冷蔵庫の中を見てある程度何を買うか決めて出かけることも大切ですが、買い物に行って、お買い得品を見て心が動くこともありますよね。

　例えばにんじん。安ければ一本五〇円を切ることもありますが、高ければ一〇〇円以上することもあります。三本セットなら確実にお得です。

　今日は一本を細くきざんでキャロットラペ（にんじんの細切りサラダ）にして常備菜に、明日はまた一本乱切りにして煮物にして二回にわけて食べて、その次の日はまた一本豚汁にでもして、また何日か豚汁かな……と、無駄なく使いきるためには、いくつかのレシピが頭の中で整理されて出てこなければなりません。でも毎日にんじんだけでは、いくら料理法を変えても飽きてしまいます。

　でも、使い勝手のいい冷凍保存法（P１５０参照）を一つ知っていれば、買った日に一本をキャロットラペにしたら、あとの二本はとりあえず冷凍して、食べるのは一週間後でも一カ月後でもよいのです。冷凍というワザをとり入れれば、食材のムダが省けて、段取り力はさらに高まります。

料理の得　その四

体の変化に気づきやすくなる

私は六十代半ばで自宅をリフォームしました。

以前は三階建ての建物の全フロアを、仕事場と住まいにあてていたのですが、ふと、これからの自分にちょうどよいサイズは、この三分の一ぐらいなのでは？　と思い、生活空間を一つのフロアにまとめることにしました。

自分の住まいは階段の上り下りで筋トレもできるよう、最上階の三階にし、一、二階は賃貸です。

住まいを三分の一にするということは、暮らし全体を三分の一にするということでもあります。まず、持っている物をすべて三分の一に減らしました。

仕事柄、調理道具もたくさんあり、なかなか大変でした。実際に整理をするまで気づきませんでしたが、ちなみにはさみはなんと一〇本もありました。いつでも使えるようにといろいろなところに置いて、でもどこに置いたか分からなくなってまた買って……のくり返し。

でも一つしかなければ、同じところに入れて、使ったあとは戻せばいいだけ。とてもシンプルです。置き場所を一カ所に決めることで、気持ちもすっきりしました。

そもそもなぜ、リフォームを思い立ったかと言えば、きっかけは毎日料理を作りながら、自分の体の変化に気づいたことでした。

「昔は三食脂っこいものを食べても大丈夫だったのに、いまはサラッとしたお茶漬けが食べたくなるなあ……」

と、もし感じたなら、それは胃腸などの消化機能が弱ってきた証拠。歳を重ねていくうちに、誰もが経験することですが、見過ごすか見過ごさないかで、その後の人生に大きな影響が出ます。

そして記憶力や体の機能の低下に気づいたら、そのままにせず、「どうするか」と対策を考えることができます。

まず考えたのが、自分にとって何が一番大切なのか？　ということです。私にとって一番大切なのは、もちろん「食」です。それに気づいたことで、進むべき方向も見えてきました。

玄関を開けたらすぐキッチンが見える部屋がいいなと思い、そんなふうにリフォームしました。文字通り、キッチンを暮らしの中心に据えたのです。

キッチンが家の中心になってからは、何をしていてもキッチンが目につくので、散らかっているととても気になります。ちょっとした汚れも目に入るので、こまめに掃除をするようになりました。

でも、そもそも生活のスペースがコンパクトになっているので、掃除も苦になりません。またこまめに掃除することで、適度に体を動かせるので、いい運動にもなり、室内の清潔さもキープできます。

暮らし全体はコンパクトになっても、その分、暮らしの質は上がったように思います。シニア世代は「量より質」です。食に関しても同じで、食べる量は減らしても、質はキープしていかなければなりません。

それは、料理も同じことです。新しい便利な道具を買いそろえるよりも、いままでやってきた調理法で、いままで使ってきた道具で、一工夫《ひとくふう》すればよいと思います。

だって、いままでの人生、一生懸命生きてきたわけじゃないですか。そしてこれまでの積み重ねがいまの自分を作っているのですから、その中に、これからの暮らしがもっと充実するヒントがあるはずです。

食べる量を無理なくコントロールする意味でも、一回一回の食事の質を上げるという意味でも、冷凍はとても役に立ちます。

ただ、さまざまな情報が氾濫するいま、暮らしにとり入れるのは、シンプルなもの、そして本当に役に立つものだけでいいと思います。シンプルなやり方だからこそ続けられますし、続けられるからこそ段取り力がアップして脳が活性化しますし、脳が活性化すると気持ちも前向きになります。

シニア世代は、前向きな気持ちでいることがとても大事です。前向きに、元気でいることは、自分のためだけでなく、まわりのためにもなります。シニア世代が元気でいることは、最大の社会貢献でもあるのです。

料理の得　その五

料理を通じてコミュニケーションが広がる

なんだか感じのいい人、好感の持てる人っていますよね。そういう人って、大体「会話力」、特に「雑談力」が高い人なんですよね。誰が相手でも、相手が興味ある話題で話せるって、素晴らしいことです。

でもその、「誰でも興味がある話題」の代表が、私は「食」の話題なのではないかと思うのです。食べずに生きている人はいません。料理や食べ物にまつわる話は、地域を問わず、どんな世代の人とでも話ができるコミュニケーションツールになるのです。

毎日料理をしていれば、自然と食の話題が豊富になりますから、子どもからお年寄りまで老若男女問わず、誰とでも会話ができるようになると思います。

例えばこんなことがありました。ご近所に住んでいるご夫婦から、おすそ分けで「すだち」をたくさんいただきました。

その緑色のかわいらしいすだちを見て、以前、都内のお蕎麦屋さんで輪切りにしたすだちがたくさんのっている、冷たい「すだちそば」を食べて、そのおいしさに感動したことを思い出したのです。

いただいたすだちで、そのときの「すだちそば」を作ってみたくなり、そのご夫婦の分も作ってお持ちしたのです。

「こういうお蕎麦は、地元でも作りますか?」とお聞きしたら、「つゆにすだちを絞って、冷たいそうめんを食べることはありますが、こういう輪切りにしたすだちと一緒に食べるお蕎麦は見たことがありませんでした」とおっしゃって、とても喜んでくださいました。その土地、その土地で、同じ食材でも食べ方が違うことはよくあるもので、このときも「すだち話」に花が咲きました。

また、男性の料理教室で、胡椒についてお話ししたことがありました。

胡椒には黒胡椒と白胡椒とありますが、その選び方や使い方にはポイントがあって、辛みをきかせたい場合は黒胡椒、香りを立たせたい場合は白胡椒を使います。またきかせるタイミングにもコツがあり、まず肉や魚の下ごしらえにふり、できあがりにふり、「二度使い」するのです。このお話をしたところ、シニア世代の男性のみなさんに好評でした。私としては、料理の合間のちょっとした雑談のつもりだったのですが、男性は理論好きな方が多いのか、「なぜそうするのか」という理由や意味をお伝えすると、とても納得してくださるのです。

私もそうですが、自分が聞いて面白いと思ったことは、誰かに話したくなるものです。ただ、それが仕事や趣味の話だと、話す相手やタイミングを選ばないとなりません。でも、食に関わることであれば、大体の方はなじみがありますし、なじみがあるものにはみなさん興味を示してくれますから、相手やタイミングを選ばず、安心して話せるのです。

一つの話題で共感し合えば、人と人の距離も縮まります。料理をしていれば、そんな話題を提供できるようになれますし、同時に、会話の相手から話題をふられたときに共感できる受け皿も鍛えられます。

ところで、すだちのご夫婦ですが、その後赤ちゃんが生まれることになったのです。出産日が近づいた身重の奥さんを見ていて、あれこれ頭に浮かんできました。

初めての赤ちゃんで、何かと大変だろうな……。

出産後は疲れてしまって、しばらくは食事作りもままならないのでは……。

お祝いの気持ちを私なりの方法で届けられないかしら……。

そこで、産院から戻られるタイミングで「鯛飯《たいめし》」を作って届けてあげたい！　と思ったのです。ところが、赤ちゃんだけに、いつ生まれるか分かりません。生まれたときに、いい鯛が手に入るとも限りません。

出産日が近づいたある日、買い物をしているときに、とてもいい鯛が売られているのを見つけた私は、迷わず購入しました。帰宅後、酒と塩をふって、フリーザーバッグに入れて冷凍室へ。

産院から戻られる日には、さっそく冷凍してあった鯛をとり出し、昆布だしとともに、お米にのせて炊飯器で炊きました。折箱に詰めて金粉をひとふり。私なりのお祝いの気持ちを込めたのです。

ご夫婦はもちろん、ご家族にもとてもも喜んでもらえて、私もとてもうれしかったことを覚えています。

京子の部屋

食にまつわるちょっといい話

胃袋をつかめば縁もつかめる⁉

私は三人兄弟で、下に妹と弟がいます。その弟が受験生だったときのこと。志望校へ合格するために、勉強を見てもらえる家庭教師を探していた母が、当時新聞配達に来ていた大学生を見そめて、「お月謝に加えて夕飯をつけるから、息子に勉強を教えてくれないかしら。うちの娘はとっても料理が上手なのよ」とスカウトしたのです。

その言葉につられて、大学生の彼は弟の家庭教師を務めることになり、私は彼が来るたびにせっせと夕飯を作りました。

弟は無事に志望校に受かり、母も大よろこび。家庭教師として優秀だった彼は、その才能を生かして仕事に就きました。

その数年後のある日。彼がわが家へやってきました。そして、

「お嬢さんを僕にください」

と父にあいさつしたのです。驚いた父の第一声は、

「……上か？　下か？」

でした。彼の返事は
「下です」


家庭教師としてわが家へ通ってくれていた彼は、妹に恋心を抱いていたらしく、二人は結婚し、いまも仲良く幸せに暮らしています。

私としては、ごはんを作っていたのは私なのに、という腑に落ちない部分もありますが（笑）、これはきっと、料理が結んだご縁なのでしょう。いまでも「二人が結婚できたのは、私のごはんのおかげね」と思っています。

誰かのために料理することは、食べた人も、自分も幸せにします。私には、誰かのために料理をすることで助けられたことがたくさんあります。

栄養バランスのいい食事の作り方

料理法を変えるだけで食事バランスは簡単に整えられる

一人暮らしをしていると、つい作りすぎてしまうため、同じ料理を食べ続けることになります。それが料理作りへの意欲の低下となり、手軽に食べられるものをつい手に取ってしまうようになります。同世代の方に食事内容を伺うと、「今日のお昼は菓子パンでした」とか「焼き芋が昼食代わり」などという方もいて、栄養のかたよりが心配になることがあります。

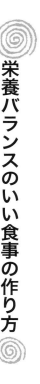

パンやおにぎり、麺類など、手軽に食べられるものは炭水化物が多くなりがちで、それだけでお腹を満たしてしまうと、栄養バランスが崩れがちになります。シニア世代になると低栄養の方が増えるという事実（P79参照）は、「献立作り」や「料理」がめんどうになることが原因です。

人が生きるうえで必要な栄養素は、三大栄養素のたんぱく質・脂質・炭水化物と、ビタミンやミネラル類です。年齢を重ねても、これは変わりません。

特に体を作るためのたんぱく質は、シニア世代にとっても欠かせない栄養素です。肉や魚、豆腐や卵、乳製品などのたんぱく質は、朝・昼・晩の食事できちんと摂る必要があります。その際、体に必要なたんぱく質量は18歳でも70歳でも同じで、若いころと変わりませんが、シニア世代はメタボ予防のためにカロリーを抑える必要があります。シニア世代は「量より質」なのです。

そのためには、まずは、食材選びです。そして、食材選びに加えて、料理法についても同時に考えると、選択肢が広がり、献立作りが楽になります。

例えば、豚カツを買うときは「ロースカツ」より「ヒレカツ」を。自分で作るときは冷凍の薄切り豚もも肉を重ねてパン粉をまぶし、オリーブ油をかけてトースターかグリルで焼けば、やわらかいサクサクの「豚カツ風」にもなります。

魚の場合も、冷凍切り身魚に、冷凍野菜やきのこ、少量のバターをのせて、レンジ蒸しにすると、栄養バランスがよくうまみのぎっしりつまった一品になります。

電子レンジ加熱にしたり、ゆでたり蒸したり、という調理法に変えるだけでも、カロリー調整ができます。

半調理で冷凍しておけば栄養管理も楽になる

また、調理法の重なりを少なくすることも大切なことです。調理法が重なると、油脂や塩分の多い食事になりがちだからです。

例えば、煮魚に煮物におひたし、といった献立では、しょうゆでの味つけばかりなので、塩分の足し算になってしまいます。

また、主菜が豚カツで、副菜が野菜炒めやドレッシングをしっかりかけたサラダ、という献立も、油脂が多くなり、摂取カロリーが高くなってしまいます。

こんなとき、重宝するのが軽く下ごしらえした冷凍の食材です。

例えば、ゆでたほうれんそうが冷凍室にあった場合、主菜がホイル蒸しの魚なら、副菜の冷凍ほうれんそうは、バターかオリーブ油でソテーにすれば、バランスがとれます。

一方、主菜を魚や肉のフライにするなら、副菜の冷凍ほうれんそうは油脂を使用せずにからし和えにすると、油の足し算がなくなります。

また、副菜の冷凍ほうれんそうは、油を使わずに焼きのりと和えたり、納豆和えにしてもよいですし、その日の気分で、冷凍の大根おろしと合わせてさっぱりとみぞれ和えにするのもおすすめです。

「冷凍ほうれんそう」が常備してあれば、手間をかけずにあれこれアレンジできて、栄養バランスも整い、あなたの食卓をゆたかにできます。

それだけでなく、お昼ごはんに何もないなあ、と思ったときは、半解凍のほうれんそうと卵を炒めて、パンにはさんでホットサンドイッチにもできるのです。

このように、どんな食材も、味つけをしないか、または半調理の状態で小分けにして冷凍保存しておけば、その日の献立や気分によって、臨機応変にアレンジができるので、とても便利です。

果物があればよりパーフェクトな食事に

日本の食事は「一汁三菜」が基本。「一汁三菜」は、ご飯・汁物・主菜・副菜・副副菜という組み合わせで、栄養バランスもよくなります。

なぜなら、主菜は肉か魚、または卵や豆腐などの大豆製品にし、残りの二品は野菜やきのこ、海藻の小鉢料理などにすると、一回の食事に、さまざまな食材が入った理想的な食卓になるからです。

最近「小鉢」という言葉も、耳にする機会が減っているように感じますが、和食の文化としてぜひ残していきたいものです。小鉢を一品食卓に加えるためにも、冷凍食材が役立ちます。

また栄養バランスを整える意味でも、そして食事の楽しみとしても、シニア世代の方にとり入れてほしいのが「果物」です。

果物はビタミンやミネラル、さまざまなポリフェノール、食物繊維などが豊富に含まれているので、毎日の食生活にぜひとり入れたいものですが、残念なことに、まっさきに食事から削ってしまう方が多いのです。

それもそのはずで、果物は熟さなければおいしくないのに、熟すとすぐに悪くなってしまいます。また、数個がパック入りで売られていることが多いので、家族が少ないとそうそう食べられないな、とあきらめざるをえないのです。

私は、一人暮らしですが、毎日三種類の果物を、合わせて握りこぶし二つ分くらい、食べるようにしています。今朝は、バナナ、ゴールドキウイ、いただきものの冷凍ブルーベリーでした。

季節によって種類は変わりますが、いつも冷凍室には果物があります。季節によって移り変わる旬の果物は見るだけでも幸せな気分になりますし、多少値は張っても、旬のフレッシュなエネルギーを体にとり入れることは、人生のだいご味でもあるので、決して無駄な出費ではないと思っています。昔の人は果物のことを「水菓子《みずがし》」と呼びましたが、シニアになったら甘いお菓子ではなく「水菓子」を食事やデザートで楽しみたいものです。

それに、冷凍すれば、完熟した一番おいしい瞬間を閉じ込めて、長期間ムダなく少しずつ楽しめるので、いつもそうして大切にいただいています。

旬のおいしそうな果物を見つけたら、買い求めてから、熟すまで待ちます。いまが一番おいしいときだな、という完熟状態に達したら、まずそのままいただきます。食べきれなかったものは、一口大に切って冷凍しておいて、食べたいときに食べたい分とり出して、食べます。

凍らせたままシャーベットのように食べたり、ヨーグルトに入れたり、牛乳と合わせてスムージーにしたり……。

また最近では、市販の冷凍果物の種類も増えました。生を買って凍らす手間がめんどうなら活用するのも手です。皮や種などのゴミも一切出ませんし、ラズベリー、マンゴー、ライチなど、生より安いくらいです。

食事の最後に果物があると、食事全体がワンランクアップしたような、気持ちになり、楽しくなります。何種類か一緒に冷凍しておけば、それを小さなガラスのお皿に盛るだけで、豪華なデザートになります。

このように冷凍した食材を活用して、調理法や味つけを工夫することで、カロリーを抑えて、食事のバランスを簡単に整え、旬の恵みを生かしたゆたかな食卓にすることができるのです。

食事が変わればあなたの未来が変わる

食事は毎日の小さなことのように考えている方も多いのですが、食事を変えると、確実に体の変化が感じられるようになります。

例えば、朝ごはんを食べない人がいます。全世代でみれば、シニア世代の方には少ないかもしれないですが、いままで忙しく仕事をしてきて、朝食をとる習慣のなかった方が、リタイアしたあとで、急に朝食をとる習慣が身につかない、という方もいらっしゃいます。

朝食の習慣がない方は大体「食べないほうが調子がいい」と言うものですが、実際は「食べたらもっと調子がよくなる」というのが、私の考えです。

なぜ調子がよくなるかと言うと、人間の体は寝ている間は体温が低くなりますが、目が覚めて食べることで、体温が上がり、さあ活動しようというスイッチが入るからです。

寒いときに、食事をすることで温かくなった、という経験なら、みなさんもあるのではないでしょうか。これは食事をとることで体内にエネルギーが発生するとき、体を温める作用（体熱産生《たいねつさんせい》）が起こるからです。ですから、朝食をとらずに、低体温のままでは、脳の働きも低下したままなので、いい考えが浮かぶわけがありませんし、やる気も出ないはずです。

同時に、体内にとり込まれた食物を消化するため、内臓が活発に動き始めます。胃が刺激され、ある程度の重みで腸が刺激されると便も出て、腸内環境がよくなります。腸内環境がよくなると免疫力が上がり、元気になって気持ちも前向きになります。体の調子や心のあり方は、食べることと全部つながっているのです。

私の好きな言葉に「食は命なり、運命なり」というものがあります。

これは、江戸時代の観相学《かんそうがく》（人相見《にんそうみ》）の大家、水野南北《みずのなんぼく》の言葉です。水野南北は、「食が変わると体調が変わり、気持ちが変わり、かかる病気も変わり、運命が変わる。いい食事をすれば元気でいられて、元気でいられれば明るいものの見方ができる。明るいものの見方ができる人のまわりには、いい人が集まってきて、楽しい人生になる」と説いています。

まさにその通り。食は健康を支えているだけではなくて、運命をも変えてしまうものなのです。江戸時代の言葉ですが、私が生きるうえで、一番大切にしている言葉です。

「食べること」を大切にすれば「人生は変わっていく」と、私は信じています。遺伝的要素もある程度はありますが、私たちの体は、私たちが毎日食べたものでできています。体を作るのも、動かすのも、ものを考えるのも全部食べもののおかげ。だから食べることを大切にしてほしいのです。

そして、もう一つ大事なことが、「食を楽しむこと」です。

「量より質を意識すること」「年をとっても栄養はきちんと摂ること」これらもとても大切ではありますが、シニア世代は何より、「食べること」自体をもっと大切にして、楽しまなければ損です。

人が一生のうちで食事をする回数には限りがあります。年齢を重ねるほど、一回一回の食事の重要度は高まるのではないかと思っています。

京子の部屋

食にまつわるちょっといい話

「食」で人生を占う！

江戸時代中期の観相学者・水野南北は、大坂に生まれ、幼いころ両親を亡くし、子どものころから盗みや賭博、酒の味を覚え、十八歳のころには窃盗などで牢屋を出入りするようになります。牢中で人相と人の運命に相関関係があることに気づき、「観相学（顔立ちや表情から、その人の性格・気質・才能までも判定する学問）」に興味を持つようになります。

出牢後、人生をやり直すために慈雲山《じうんざん》・瑞龍寺《ずいりゅうじ》の門を叩いたところ、「一年間、麦と大豆だけを食べて暮らせたら、弟子にする」と言われ、実践したことで入門がかない、自分の運勢も好転したため、観相の研究を深めます。

食べ物の好みや食べ方で人となりが見え、未来までもが分かるという「南北《なんぼく》相法《そうほう》」を完成させ、「食は命なり、運命なり」という言葉を残しました。

第二章

冷凍で時間と手間を貯金する

冷凍でかなう七つのいいこと

シニア世代の食生活こそ、冷凍保存でゆたかになる

これまでお話ししてきましたように、この先の人生も健康で楽しく過ごすためには、バランスのいい食生活は欠かせません。でも、体力も気力もなんとなくいままで通りにいかなくなるのがシニア世代。そんなときに無理してがんばる必要はないと思います。それより、楽をするために工夫をするほうが、よほど賢いのではないでしょうか。

料理する負担を減らしつつ、栄養バランスを整え、食べたくなるような見た目のよさと、実際に食べたときのおいしさもあったら、言うことなし！

そんなに欲張っても無理でしょう？　と思われるかもしれませんが、実は、これ、冷凍することですべてかなうことなのです。冷凍してみて気づいたいいこと。数えてみたら、七つもありました。シニア世代を幸せにする、七つのいいこと、一緒に考えてみましょう。

いいこと　その一　冷蔵庫のスペースを気にせず買い物できるようになる

先日、同年代の友人とスーパーに買い物に行ったときのこと。夫と二人暮らしの彼女ですが、食品売り場で、袋詰めのせん切りキャベツを手にとったのです。以前はカット野菜を買うような人ではなかったので、驚いた私は、「キャベツのせん切りくらい自分で作れば？」と思わず口にしました。

すると彼女は、「ちょっとおかずに添えるだけなのにキャベツが余ってしまうわ。冷蔵庫の場所もとるし。それに、せん切りもめんどうなのよ」と答えました。

スーパーでカット野菜のコーナーが拡大していることには気づいていましたが、一人暮らしの若者や、子育て世代の時短のためだと思っていました。彼女のように食事作りが億劫《おっくう》になったシニア世代のニーズもあったのか、とストンと理解しました。でも、カット野菜は便利で安全ですが、間違いなく割高です。野菜は丸ごと買ったほうがお得なのです。

だからこそ、冷凍保存です。冷蔵庫で場所をとりがちな大きな野菜も、小分け冷凍でコンパクトにして保存できます。食べきれず捨ててしまう、というムダも省けます。

いいこと　その二

安くて栄養価の高い旬の食材をたっぷり味わえる

旬の食材は味もよく、安価で栄養も豊富。つまり、年間を通してその食材が一番おいしくて一番安いときが、旬なのです。まさに、旬は買い時です。

スーパーの一番前に出回るようになった野菜や果物は、買っておいて損はありません。とりあえず買って、冷凍保存しておけば、自分の都合のいいときに、そのおいしさを味わえます。

昔は食品の保存法として、「干す」「塩漬けにする」などの方法がありました。しかし、ビタミンCなど、干すことで減ってしまう栄養素もありますし、塩漬けは塩分が気になります。その点でも冷凍保存は優秀。栄養素を損なうことなくキープできるという利点があり、まさに文明の恩恵とも言えます。

冷凍すると栄養価が落ちるのでは、と心配をされる方もいますが、多少の目減りはあっても、大きな影響が出るほどの変化はありません。逆に冷凍することで栄養素やうまみが溶け出しやすくなるという利点もあります。代表的なのが、トマトのグルタミン酸や、きのこのグアニル酸などのうまみ成分です。

いいこと　その三　料理の幅が広がり脳が鍛えられる

冷凍ってそもそもどういう仕組みなのか、考えてみたことはありますか？　私は子どものころから、すぐに「なぜ？」と考える子どもでした。

世の中のすべての生命体には水分があります。それは人も食材も同じです。水は凍ると体積が増えます。細胞の内外には水分があり、凍って体積が増えるときに細胞膜が傷つきます。そして、解凍すると細胞膜が傷つけられているため、中の水分が溶け出て歯ごたえが悪くなったりするのです。冷凍って結局のところ、「水の科学」なのです。

つまり、一言でいえば、冷凍する前とした後では、食材は同じ状態ではなくなります。ただ、どう変化するかを知っていれば、それに合った料理法や味つけができます。今日スーパーで買ってきた新鮮な食材と、冷凍保存した食材では、長所も短所も異なりますが、それらをうまく組み合わせて最適の料理を作ることは可能です。臨機応変に組み合わせて、上手に段取りすることは、シニア世代にとって、ちょうどよい脳トレになるはずです。

いいこと　その四

手間と時間を貯蓄できる

「億劫《おっくう》になる」という現象も、シニア世代ならではのものでしょう。こればっかりはどうすることもできません。それに、決して無理する必要もないのです。

でも、実は、手間も時間も貯蓄できるとしたら、どうでしょう？　やはり、人間いくつになっても、先のことを見越して予《あらかじ》めできることをしておくということはとても大事です。

例えば天気のいい日にまとめて買い物に行く、よく眠れて元気に目が覚めた日にまとめて下ごしらえしておく、こういうことができれば、大分楽です。雨の日にわざわざ買い物に行く必要もありませんし、体がつらいときに、無理に料理をする必要もないのです。これも、冷凍ができていればこそかなうこと。冷凍は、「いまやらないと」という時間の束縛から自由にしてくれるのです。

先のことを考えて時間があるときにいまできることをやっておくこと、毎日の手間を減らすためにまとめてやっておくこと、私はこれを「時間貯金」「手間貯金」と呼んでいます。時間貯金と手間貯金があれば、暮らしにもゆとりができます。

いいこと　その五
薬味や大根おろしが常備できる

真夏の冷やっこ、旬の鰹の刺身、香ばしく焼けた焼きなす、いざ食べようと思ったら、しょうががない……こんなにしょうががないことってありません（笑）。なくても料理は成立しますが、ないと寂しいのが薬味です。でも、使うのはほんの少し。わざわざそのために買いに行くのも大変です。

こういうものこそ、冷凍保存がおすすめです。例えばねぎをきざんで冷凍保存したものは、好きな分とり出してそのまま使えます。冷凍するとどうしても食感も風味も変わりますから、ざるそばを食べるときの薬味としては、少しもの足りないですが、みそ汁などの彩りにはぴったりです。同じように、香りはやや落ちますが、ゆずの皮やみょうがの薄切りも冷凍保存できます。

その他にもとろろ（P130参照）や大根おろし（P134参照）、など、少しあると食卓がゆたかになるものは、冷凍保存がおすすめです。長芋やしょうが、にんにくなどは小分けにしてそのまま冷凍し、好きな分だけすりおろして使ってもよいですし、時間貯金&手間貯金ですりおろして保存しても、どちらでもお好みの方法で。

いいこと　その六　一回の食事で多品目摂れるので栄養バランスがよくなる

年齢を重ねても、必要な栄養素は変わりません。以前に比べると日本人の平均寿命は延びていますが（P75参照）、現在は平均寿命より、元気を維持する「健康寿命」が重視されています。シニア世代になると、食事の栄養バランスは健康寿命に直結してきます。

栄養バランスを維持するためのコツは、すでにご紹介しましたが、さまざまな料理に使い回せる半調理の野菜類は、手軽に栄養バランスを整えるのに一番適しています（P40参照）。肉や魚は、そのまま冷凍してもなんとかなりますが、一番調理に手間がかかるのはやはり野菜です。私は、ひと手間加えてフリーザーバッグに入れた冷凍野菜を一〇種類ほど常備しています。

この本の第四章で紹介しているものは、栄養がかたよりそうなときに、凍ったまちょっと料理に追加できるもの、簡単調理で一品追加できるもの、など私が長年やってみて、本当に役に立つなと思ったものだけ、ご紹介しています。

いいこと　その七

一番おいしい瞬間を閉じ込めて小出しに味わえる

旬の野菜や果物が冷凍におすすめなことは、すでにお話ししましたが、冷凍に一番適しているのは、なかなか熟さないのに、完熟すると日もちせず、すぐに傷んでしまうもの……その代表は果物です。

果物についてもすでにお話ししましたが、完熟の一番おいしい瞬間を生のまま食べて、食べきれなかった分を冷凍するとよいでしょう（P42参照）。

いちご、プラム、キウイ、ぶどう（ピオーネなど大粒のもの）、バナナ、マンゴー、柿、パイナップル、桃など。またパイナップル缶や桃缶などは、一度に食べきれない分を冷凍保存します。基本的には一口大にカットしてフリーザーバッグに入れるだけ。野菜と異なり下ごしらえや調理が必要ありませんので、常温や冷蔵庫で、半解凍の状態にして食べたり、牛乳とともにミキサーにかけてスムージーにしたりします。

冷凍した果物が食べきれなかったときには、砂糖をまぶして加熱し、コンポートやジャムにします。いったん冷凍保存した果物は、水分が出やすく、調理時間が短縮できます。もちろん、コンポートやジャムにした果物も冷凍保存できます。

冷凍もりだくさんの私の暮らし

朝・昼・晩 フル活用の冷凍食材

こんなふうに食品の冷凍保存をおすすめする理由は、私の生活の中でも冷凍した食材が大活躍しているからです。私が実際に食べている、ある一日の食事をご紹介しましょう（**大字**は冷凍食材）。

【朝食】

● **野菜入りオムレツ**

・卵に**ブロッコリー**、**ミニトマト**、**玉ねぎ**、**スライスベーコン**を加えオムレツを作る。

● **チーズトースト**

冷凍メモ

・**ブロッコリー**→P142参照
・**ミニトマト**→P98参照
・**玉ねぎ**→P138参照
・**スライスベーコン**→一枚ずつラップで包んでフリーザーバッグに入れる

・**パン**にチーズをのせ、トースターで焼く。

フルーツヨーグルト

・カスピ海ヨーグルトに**バナナ**、**キウイ**を加える。

カフェ・オレ

【昼食】

トマトときのこのパスタ

・スチームケースに長さを半分に折ったスパゲッティと水を入れ、電子レンジで加熱したあと、**きのこ**、**トマト**、**玉ねぎ**、**合いびき肉のそぼろ**（にんにくとしょうが入り）、ケチャップなどを入れて、再びレンジ加熱。

・**パン**→一枚ずつラップに包んでフリーザーバッグに入れる

・**バナナ&キウイ**→P114参照

・**きのこ**→P118参照

・**トマト**→P98ミニトマト参照　トマトもミニトマトと同様に

・**玉ねぎ**→P138参照

・**合いびき肉のそぼろ**→P158鶏ひき肉参照　みじん切りのにんにくとしょうがともに、鶏そぼろと同様に

●かぼちゃのポタージュスープ

・マグカップに**マッシュかぼちゃ**、市販のコーンスープ一袋（粉状のインスタント食品）、牛乳を加えて、電子レンジで加熱。**万能ねぎの小口切り**を散らす。

【夕食】

●サーモンのバターぽん酢

・**マッシュポテト**に**サーモンの切り身**を重ねバターをのせてレンジ蒸しにし、ぽん酢をかける。

●パプリカのコンソメスープ

・顆粒コンソメでスープを作り、**パプリカ**を加える。

・**マッシュかぼちゃ**→P154じゃが芋参照　皮をむいてくし形に切ったかぼちゃで同様に

・**万能ねぎの小口切り**→P126ねぎ参照　万能ねぎで同様に

・**マッシュポテト**→P154参照

・**サーモンの切り身**→ラップで包んでフリーザーバッグに入れる

・**パプリカ**→P118参照

●**ほうれんそうのおひたし高野豆腐のそぼろかけ**
・**ゆでたほうれんそう**に**高野豆腐のそ**ぼろをかける。
●**白米ご飯**
・**ご飯**

【入浴後】
●**カモミールティー**
・多めに作って就寝時の枕元にも置く。

・**ほうれんそう↓**P146参照
・**高野豆腐のそぼろ↓**P158鶏ひき肉参照　市販の高野豆腐をおろし金ですりおろして同様に
・**ご飯↓**ご飯茶碗一膳分をラップに厚みが出ないように広げて包み、フリーザーバッグに入れる

朝・昼・晩と三食、冷凍保存の食品をフル活用しています。なんと、食べたものの八割近くが冷凍食材でまかなえていますね。冷凍で食品をストックしておくことで、手間もかからずすぐにできるうえ、一人分でも一食で摂れる食品数が多くなるのでとても重宝しています。

納豆を食べるだけで四品目を制覇

栄養バランスを整えるためには、食材を多品目摂るのがよいと言われます。そのため、かつては「一日に三十品目摂ろう」がスローガンとして掲げられていました。でも一食当たりの食品数を増やすということは、それだけ材料の下ごしらえに時間や手間がかかり、調理の負担も大きくなります。

でも、冷凍したストック食材があれば、楽らくかないます。冷凍室から食べたい分だけとり出してプラスするだけで、自動的に食品数が増やせるからです。栄養面だけでなく、味や見た目もよくなります。

それだけでなく、食べられる量はある程度決まっていますから、品数が多いということは、一つひとつの食品の量は減ることになります。いまの時代、農薬や食品添加物など食の安全を不安視される方も多いのですが、品数が増えれば、リスクも分散されます。

私がよく食べるのが納豆です。付属のたれやからしを混ぜるだけでも納豆はそれなりにおいしいですが、大根おろしやきざんだねぎがあれば、もっとおいしくなります。でも一パックの納豆のために、わざわざ大根を買ってきて、おろし金でおろしたり、ねぎを小口切りにしたりはしないでしょう。それこそ億劫《おっくう》なことです。億劫だなと思うと、結局「入れなくていいか」ということになります。

私はそんなときのために、大根おろしはまとめておろして、製氷皿に入れて冷凍しています（Ｐ１３４参照）。ねぎも、まとめて刻んで冷凍しています（Ｐ１２６参照）。食べる少し前に、冷凍室から氷一つ分の大根おろしをとり出し、フリーザーバッグから好きな分のねぎをとり出して納豆に入れます。

大根おろしは、二〜三分で表面がやわらかくなってきて、半解凍になりますし、ねぎも、フリーザーバッグから出してパラパラになると、すぐに溶けてきますので、そのまま納豆にまぜます。

そこにさらに、きざんだ焼きのりをのせていただくのが私の定番です。これで、納豆、大根、ねぎ、のり、四品目が食べられます。品目数もさることながら、何より、納豆がとてもおいしくなります。

娘に持たせた「冷凍サンドイッチ」の思い出

娘がまだ小学生だったころ、学習塾に通っていました。夜も遅くなるので、学習塾にはお弁当を持参させることになっていましたが、当時仕事で多忙を極めていた私は、娘のお弁当のために「冷凍サンドイッチ」を考案したのです。これも、時間貯金、手間貯金の一環です。

ただ、冷凍&解凍しても、変わらないおいしさを保つサンドイッチを考案するのには、少し工夫しました。きゅうりやレタスをはさんだサンドイッチは水分が多く、冷凍に向きません。ハムサンドは冷凍できるものの、解凍するとハムから水分が出ておいしくありません。そこで、たまたまレシピ開発に関わっていた、個包装のクリームチーズが活躍しました。フードプロセッサーで攪拌《かくはん》すると、食材に含まれる水分と、クリームチーズの油分が乳化され、冷凍後に解凍しても水分が出にくくなる、ということに気づいたのです。

私の試行錯誤の結果、わが家の定番となった四つの具材はこちらです。

① **卵サンド**　ゆで卵をつぶしてマヨネーズとパセリ（みじん切り）をまぜる
② **ハム&チーズサンド**　ハム、玉ねぎ（薄切り）、クリームチーズをフードプロセッサーにかける
③ **かぼちゃ&くるみサンド**　レンジ加熱したかぼちゃをマッシュしてマヨネーズとくるみ（粗みじん切り）をまぜる
④ **ブロッコリー&チーズサンド**　レンジ加熱したブロッコリー、クリームチーズをフードプロセッサーにかける

こうして具材をいくつか用意して、食パンやベーグルにはさみ、ラップに包んで冷凍しておくのです。私がお弁当を作れない日は、学校から帰った娘は、このサンドイッチを持って塾に行っていました。塾に着いて授業を受けている間に、サンドイッチは自然解凍されてちょうど食べごろになる、というわけです。

娘もとっくに巣立ったいま、私はこのサンドイッチを、自分のために作っています。講演などで地方に行くとき、朝冷凍室からとり出して、新幹線の中で広げ、食べながら娘の小さかったころを思い出したりしています。

食は人と人をつなぐツール

手土産にこそ冷凍食材が役に立つ

自分の食事のためだけでなく、友人や大切な人に気持ちを伝えるために料理をするときも、冷凍保存は大活躍してくれます。ご近所のご夫婦に赤ちゃんが生まれたときに作った鯛飯《たいめし》もそうですが、そんな特別なときばかりでなく、日常的にも、私は冷凍食材を手土産に活用しています。

あるとき、長いつきあいの友人が、少し落ち込んでいたことがありました。何かできないかしら？　と考えたときに、私は彼女が中華おこわが大好きだったことを思い出しました。そうだ、中華おこわを作って届けてあげよう！　と思い立ちました。

「おこわ」というと、すごく手が込んでいるように思われるかもしれません。本格的なものはもちろん手がかかりますが、実は冷凍食材と、市販品をうまく活用すれば、パパッと作ることができます。これも臨機応変のワザです。

◆**中華おこわ　材料**（**太字**は冷凍食材）

① 米　2カップ（米ともち米は1：1）
② **焼き豚**　150g（市販品、または冷凍保存した煮豚）
③ たけのこ水煮　50g（市販品）
④ **きのこ**　適量（冷凍↓P118参照）
⑤ **ミックスベジタブル**　適量（市販品の冷凍食材）

米を研ぎ、一時間浸水し、焼き豚とたけのこを細かく刻み、冷凍きのこをほぐします。炊飯器に調味料（しょうゆ大さじ1・みりん大さじ½・酒大さじ2・塩少々）と水を合わせて300ミリリットルにし、具を加えて、スイッチを入れればできあがり。

たけのこは旬が短く、調理にも手間がかかるので市販品で充分です。下ごしらえがめんどうな食材は市販品を利用すればいいのです。賢く手を抜くことは、シニア世代が料理を続けていくうえでは大切なことだと思っています。

毎年届くうれしい季節のおたより

地方に住む友人から、その土地の季節の食材を送っていただくことがあります。こんなにうれしいことはありません。送っていただいたときは、すぐにおすそ分けの準備です。

例えば秋に届く「栗」。ぷっくりと大きくてつやつやの栗はおいしいですよね。そのおいしさを逃がさないために、受け取ったその日に全部ゆでて、ご近所や友人たちに配って回るのが毎年の習慣です。おすそ分けのポイントは、生ではなくゆでて差し上げること。そうすると、すぐ食べられるのでとても喜んでもらえますし、ゆでてあれば、そのまま冷凍してしまってもよいのです。そうすれば、先方も、いつでも好きなときに食べられます。

私は、食べ物は、思いを込めたり、気持ちを伝えたり、人と人とをつなぐ最強のツールだと思っています。作り手を信頼していないと、その方の作った料理って食べられないものです。食べ物を通じて信頼関係が生まれますし、さらにその信頼関係を深めてくれます。食べ物の力って偉大です。
いくつになっても、料理ができれば、新しく出会った方とも、信頼関係を深めることができます。

栗が大好きな私。そのままいただいたり、料理にしたり、いろいろ楽しんで残った分は冷凍用に下ごしらえします。ゆでて半分に切って中身をスプーンでくり抜いたあと、毎年この二つのパターンで冷凍保存しています。

①そのまま平らにして冷凍
解凍後　生クリームと少量のバター、砂糖とまぜてマロンクリームに。パンケーキにはさめば「栗どら焼き」に

②砂糖適量・塩ひとつまみを加えて、だんご状に丸めてラップでキュッと絞って「栗茶巾」にして冷凍
解凍後　自然解凍でそのままラップをはずしてお茶うけに。抹茶をふって仕上げれば、おもてなしにぴったり

京子の部屋

食にまつわるちょっといい話

一生に一度は畑仕事を

畑の学校に数年間通い、畑仕事を体験しました。そこで得たものがたくさんあります。野菜を育てることは、食材の本質はもちろん、人生で大切なことをたくさん教えてくれたと感じています。

例えば、いつも思い出すのが「にんじんの種」のことです。みなさんはにんじんの種を見たことがありますか？　とても小さいんです。あんぱんにのっているケシの実くらいの大きさです。

にんじんの種をまくときは、三粒ずつ三センチ間隔でまきます。種を三粒まくと、一カ所から三本の芽が出て育っていきます。ある程度の高さになったら一本間引き、二本になったらまた一本間引きます。一本になったらまた間を間引くので、合計三回は間引くことになります。

畑の先生に「にんじんが育つのに、どれくらいの間隔が理想なのですか？」と聞いたら、「十二センチくらい」だと教えてくれました。だったら始めから十二センチ間隔で一粒ずつまけば、間引かなくてもいいのでは？　と思った私は、教えてもらったこととは違う、この方法もやってみたのです。

すると、十二センチ間隔でまいた一粒の種はうまく芽が出なかったのです。「そうか、三粒あるから芽が出るのだ」と、やってみて初めて気づいたのです。にんじんの種は小さいので、発芽するときの熱エネルギーが少ないそうです。三粒の熱エネルギーを合わせてやっと発芽できるだけのエネルギーになる、ということを知り、「種もお互い助け合っているのだ」と感動しました。

力を合わせて発芽しても間引かれてしまいますが、間引かれるものにも意味があります。間引かないと一つの種が育たない。いわば立派に成長させるためのサポート役です。

人生にも通じる部分があります。人は仲間と一緒に力を合わせて成長していきます。命までとられることはなくても、成長の過程では、思い通りにいかず間引かれる経験もするかもしれない。でもそれには意味があり、人を支えることにもつながります。また、自分が支えられる立場になることもあるでしょう。


種まきのときにも、計算が必要です。五メートルの距離に五本苗を植えてくださいと言われて、「そうか五メートルに五本か」と、一メートルごとに植えていたら、最後に五本めを植えるところがなくなってしまいます。子ども時代に学んだ「植木算」が必要だったのです！

また、電信柱にとまって種まきを眺めている鳥は、人間よりはるかに広い視野と視力を持っていて、まいた種を掘り起こしてしまいます。

作物が収穫できるのももちろんうれしいのですが、若芽が育っていく過程を見るのが、何より楽しいのです。畑仕事を体験するかしないかで、人生のゆたかさが変わるような気がしています。

第三章 シニア世代の楽らく健康術

シニア世代の食と健康

人生百年時代というけれど、あと何年生きればいいの?

この本のタイトルにもある「シニア世代」という言葉。具体的にはいくつのことを指すのでしょう? 「シニア」と広辞苑で引いてみると、「年長者・年輩者・高齢者」などという言葉が出てきます。一説には四十代以上はシニアとするものもありますが、通常は、六十代以降を指すようです。

人生百年時代と言われ、「センテナリアン」という言葉も小耳にはさむようになりましたが、日本の一〇〇歳を超える方は、二〇二〇年の統計では八万人を超えています。今後ますます人口減少が続き、高齢化率が高くなり、75歳以上の人口は増え続けると予測されています。

「男女別平均余命の年次推移」(P75参照)を見ても明らかで、厚生労働省発表による平均余命は男女とも80歳を超えています。内閣府の発表では、二〇六五年には日本人の男性の平均寿命は84・95歳、女性は91・35歳になるとされています。実際自分がいくつまで生きるのか、それはまったく分からないことですが、年々のびてゆく、平均寿命を見る限り、すべての人が一〇〇歳まで生きるための心の準備は必要なのではないかと思います。

いわゆるシニア世代の仲間入りをする六十代と言えば、そろそろ仕事も引退して、第二の人生を考え始めなければならない時期です。成人する二〇歳から六〇歳までが四十年とすると、六〇歳から一〇〇歳までも四十年。シニア世代に入るときは、ちょうど人生の折り返し地点なのです。

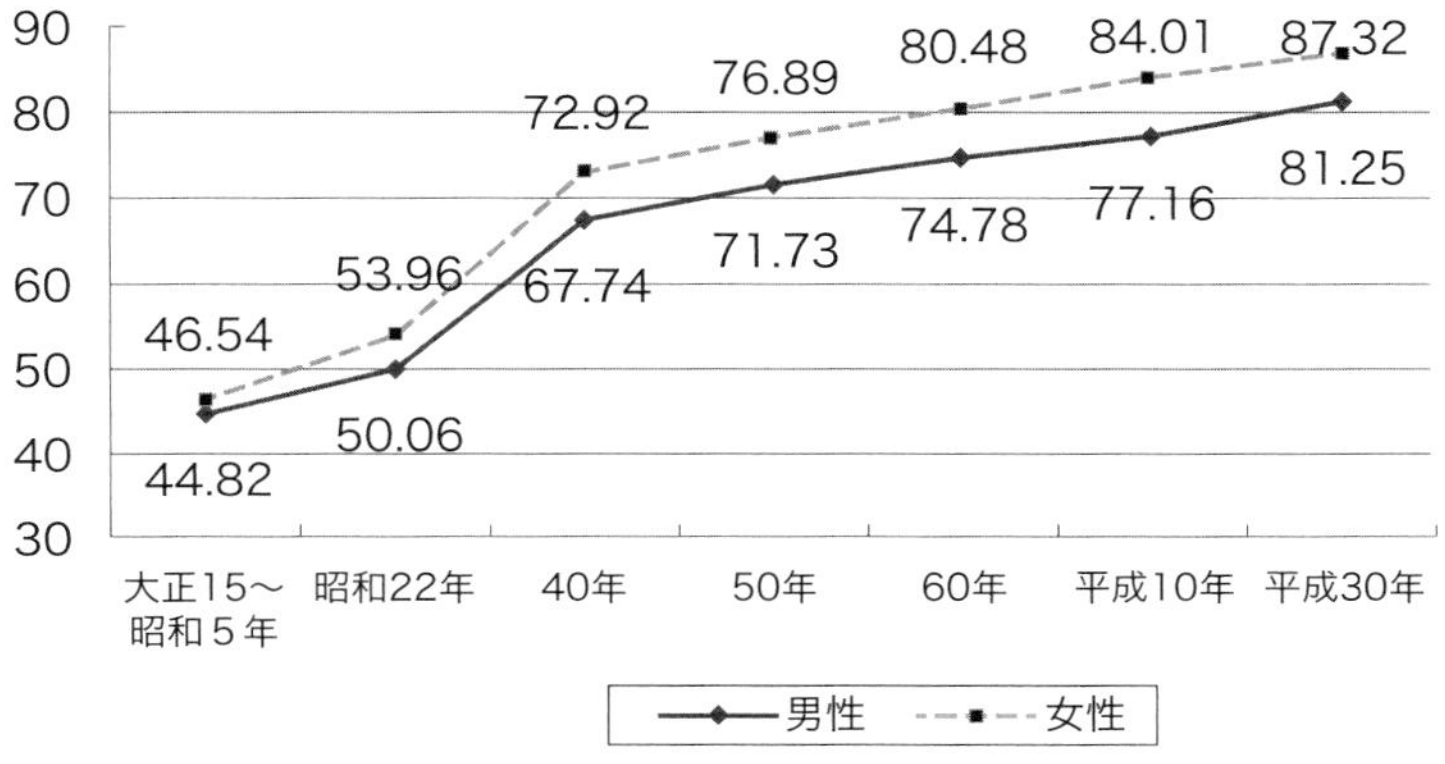

男女別平均余命の年次推移
出典：厚生労働省平成30年簡易生命表

また、仕事や子育て、その他、それまで自分を縛ってきたさまざまなものから解放されるときでもあります。何かを変えたいのであれば、大きく舵を切るチャンスでもあります。

一方で、なんだか体形も、昔に比べて丸くなりますし、背中も丸くなります。いつまでも若々しく、健康でいるためには、何が一番大切なのか、と考えたとき、私は一番大切なことは、間違いなく「食」だと思っています。

その理由はいくつかありますが、一つには、食をおろそかにしている人が多い、という現状があります。

国民健康・栄養調査による、「エネルギー摂取量の年次推移」(P76参照)を見る限り、最新の

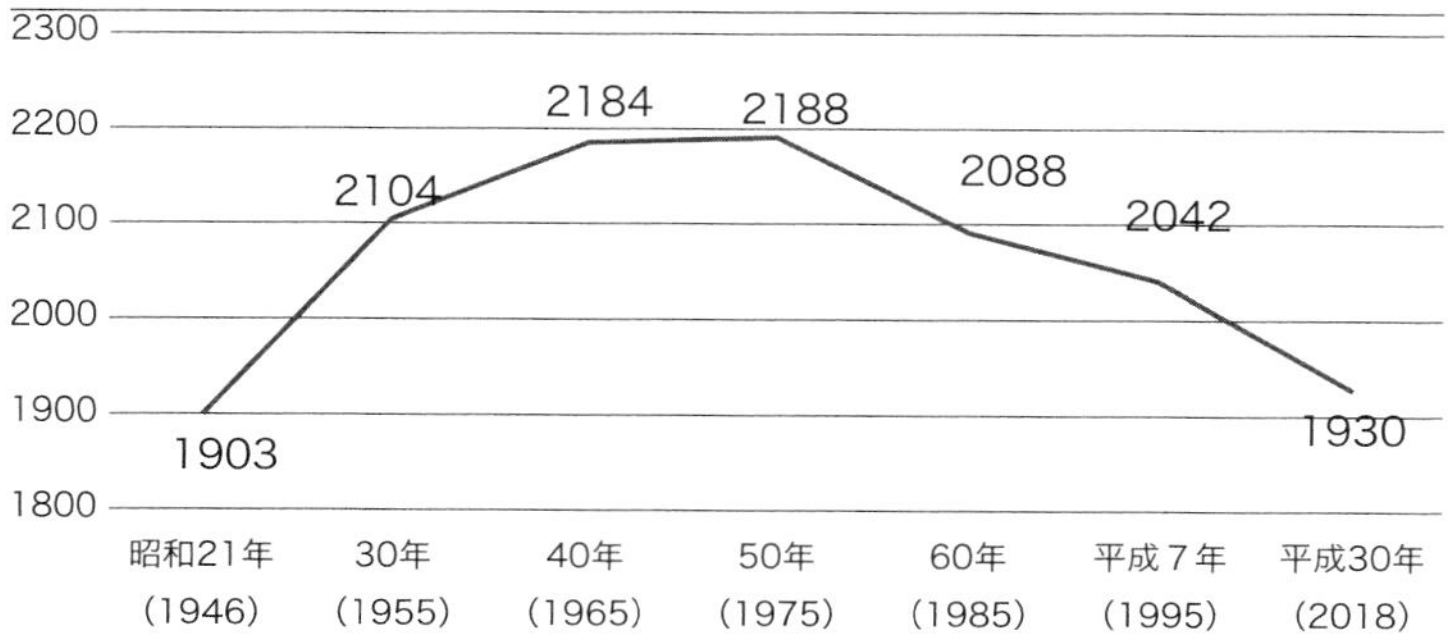

エネルギー摂取量の年次推移
出典:平成30年国民健康・栄養調査 結果の概要

平成三〇年（二〇一八）のエネルギー摂取量は、調査を始めた昭和二一年（一九四六）と大差がないことに驚きます。昭和二一年といえば、戦後間もない、食べるものが容易に手に入らない日本が貧しかった時代です。いまの日本を見る限り、あの当時よりはずっとゆたかになって、食べ物があふれている状態なのに、なぜこのようなことが起こるのでしょうか。

答えは簡単です。この数字は平均値だということです。つまり、戦後間もない時代とは違って、いまは好きなものを好きなだけ食べられる時代ですが、きちんと食べている人と食べていない人の格差が広がっている、ということなのです。自由で便利な食生活が許される時代だからこそ、食事がきちんととれているかどうかは、個人の責任にゆだねられているということなのです。

この表は、全世代を対象にしたものですが、シニア世代にも充分あてはまることだと思います。

では、男女別に見るとどうかというと、面白い結果になります。

「20歳以上の肥満者（ＢＭＩ25以上の人）の割合」（Ｐ79上参照）を見ると、肥満は、圧倒的に男性に多いことが分かります。具体的には、男性の場合、三十代〜六十代の三人に一人が肥満、もしくは肥満気味という状況なのに比べ、女性の場合、三十代では一〇人に一人、五十代でも五人に一人に抑えられています。

一方で、「65歳以上の低栄養傾向（ＢＭＩ20未満の人）の割合」（Ｐ79下参照）を見ると、低栄養の傾向がある高齢者は圧倒的に女性に多いのです。

成人男性の肥満傾向については、男性の料理参加をおすすめしたいですが、シニア世代の女性の低栄養については、いろいろと感じることがあります。

家族の好きなもの、家族のための食事、を優先してきた女性は、子どもが巣立った後、または一人になったとたん、ご自分の食をどこかに置き忘れてしまう方が多いのです。

もっと自分を大切にして、一回一回の食事を充実させてほしいと思います。そのためのカギが食材の冷凍だと私は思っています。

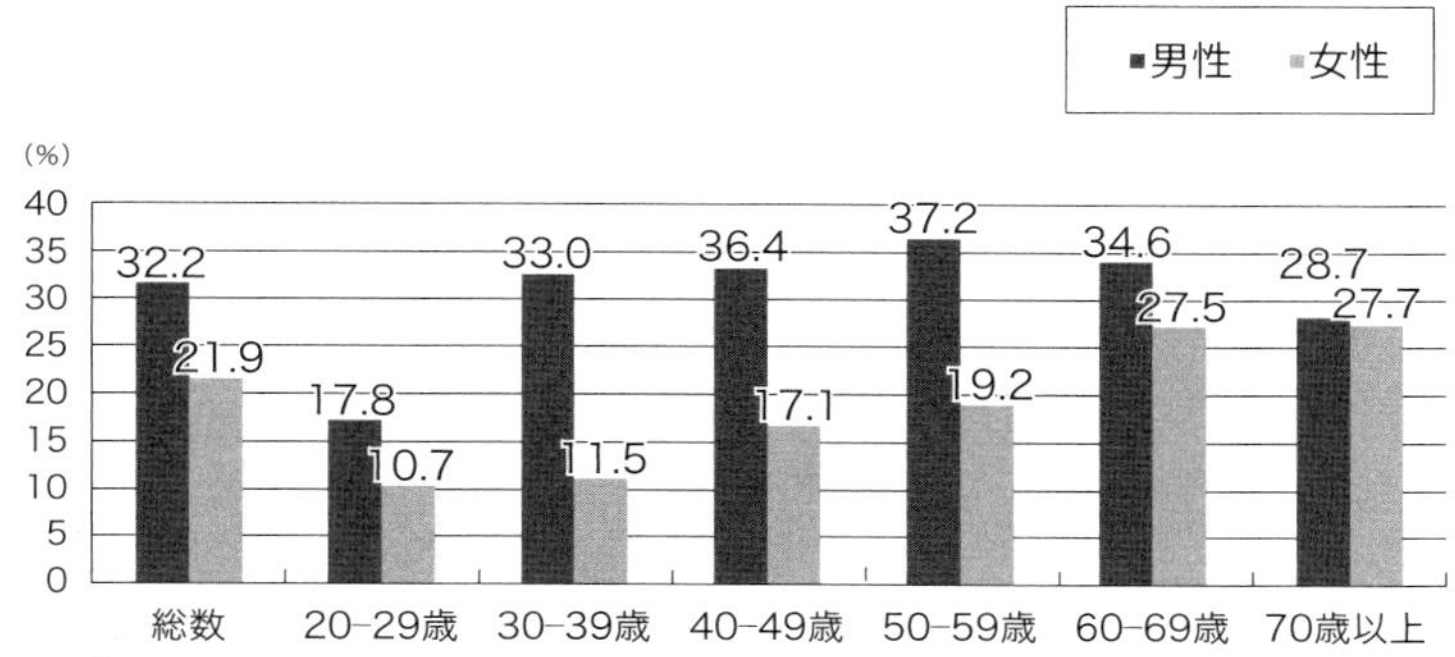

20歳以上の肥満者（ＢＭＩ25以上の人）の割合
出典：平成30年国民健康・栄養調査結果の概要

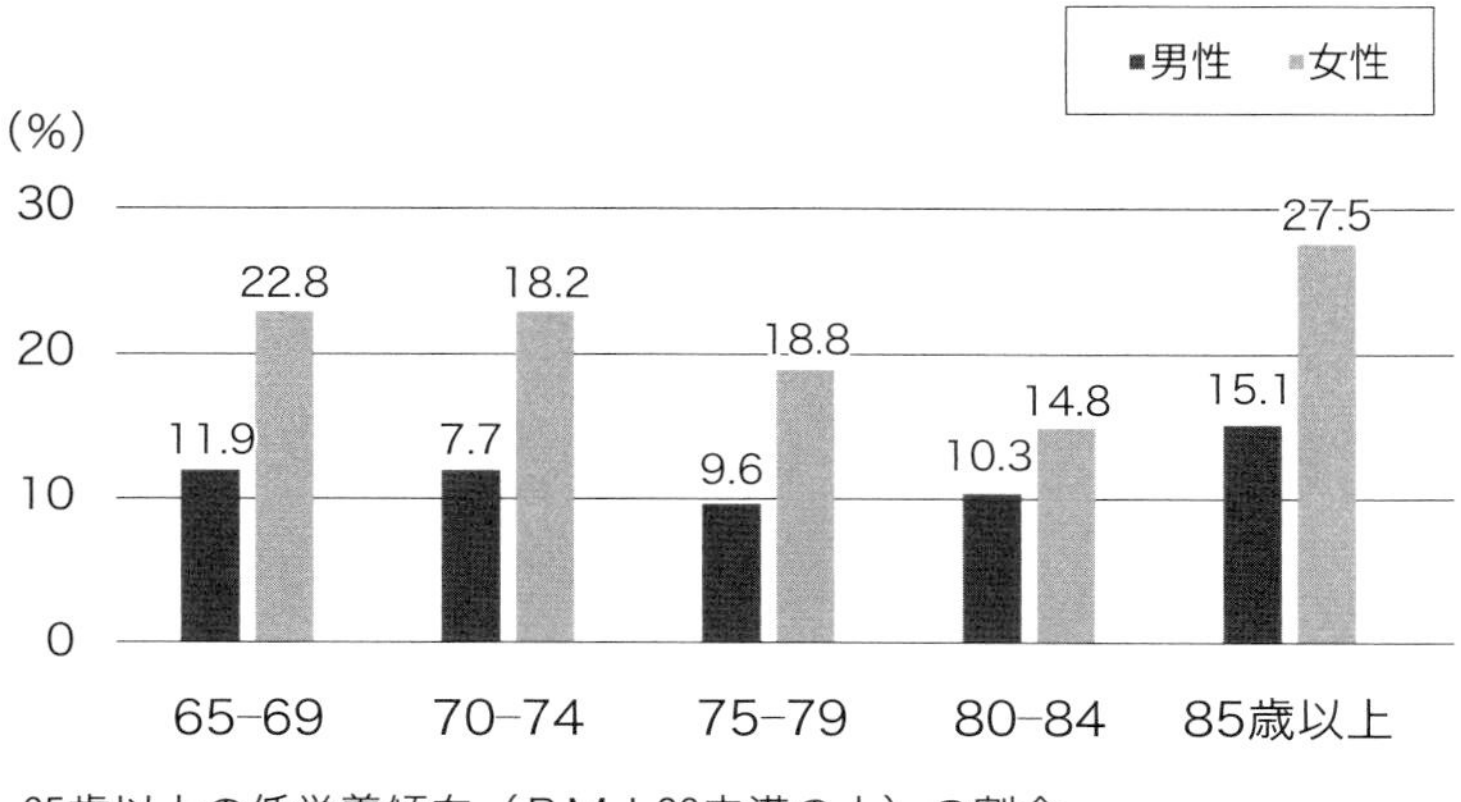

65歳以上の低栄養傾向（ＢＭＩ20未満の人）の割合
出典：平成30年国民健康・栄養調査結果の概要

BMI＝体重（kg）÷身長（m）÷身長（m）
ＢＭＩは上記の計算式で計算します。ＢＭＩ＝22が標準体重で、
もっとも病気になりにくい状態といわれています。

シニア世代のヘルスチェック　その一

フレイル

「フレイル」は、直訳すると「虚弱」「老衰」という意味で、加齢によって心身の働きや社会的なつながりが弱くなった状態を指します。そのまま放置すると要介護状態になる可能性があると言われています。

大事なことは、自分の体調をチェックして現状を知っておくことです。私も常に自分の体の状態をチェックしています。食事のバランスを考えるのはもちろん、自宅は三階なので、毎日何度も階段を上り下りしています。玄関を開けると、部屋の真ん中にキッチンがあるおかげで、よくキッチンに立っていることも体力維持につながっています。

以前骨量を測る機会があり、自分の年齢よりマイナス二〇~三〇歳という結果が出て、検査を担当してくださった先生から「なぜこんなに骨が丈夫なのですか」と聞かれたほどでした。そのわけは、おそらく私が長年料理の仕事をしていることも影響していると思います。

みなさんは、体内で骨が作られる仕組みをご存じでしょうか。骨は毎日作り変えられており、その活動は、骨を作る骨芽細胞《こつがさいぼう》と、骨を壊す破骨細胞《はこつさいぼう》の二つの細胞によって、維持されています。

「力がかかると骨は強くなり、かからないと弱くなる」。これは丈夫な骨を作るための黄金律と言われていて、骨の細胞は重力や衝撃など負荷を感知することで活発化すると言われています。

料理は立ち仕事です。私の場合、実家が染物屋をしていましたので、家業を手伝う母の代わりに、小学生のころから台所に立ってきました。また、長年料理の仕事に携《たずさ》わっているので、試作や撮影など、長時間、キッチンに立ち続けることも多いのです。立っていると上半身の重みが骨盤にかかり、その力がかかることで骨細胞が活性化します。私の骨密度が高かったのは、料理をしてきたことも要因の一つではないかと思っています。

立っているだけでも骨芽細胞が元気になる、料理をすること自体が、骨の健康にもつながっているのです。

シニア世代のヘルスチェック　その二

サルコペニア

年齢とともに落ちていくものに、筋力があります。横断歩道を青信号で渡り切れない、手すりにつかまらないと階段をのぼれない、ペットボトルのキャップが開けにくい……思い当たる節はありませんか？

「サルコペニア」という言葉を聞いたことがありますか？　これは、ギリシャ語で筋肉を表す「サルコ」と喪失を表す「ペニア」を合わせた造語で、加齢によって生じる全身の筋肉量の減少および、筋力の低下を特徴とする「加齢性筋肉減少症」のことを言います。

頻繁《ひんぱん》につまずいたり、立ち上がるときに手をつくようになると症状が進んでいると考えられますが、注意力不足のせいだと思い込んでいる方が多く、筋力の低下が原因と気づかない場合があるので注意が必要です。

サルコペニアの原因は、日常的な活動量の減少の他、さまざまな因子によるものと考えられていますが、そのメカニズムはまだ完全には判明していません。

現在のところ、背筋や腹筋、膝やおしりの筋力が衰え、立ち上がりや歩行が徐々に億劫《おっくう》になることが要因の一つと考えられていて、放置すると歩行困難を引き起こし、活動範囲の低下の大きな原因となります。

歳を重ねれば誰にでも起きることですが、筋力や筋肉量の向上のためのトレーニングによって、進行の程度をある程度抑えることが可能なので、意識して運動することが重要だと言われています。

ただ、暮らしの中でわざわざ運動する時間をとらなくても、週に数回買い物に行くことと、キッチンに一日三回立つなどの日常生活を続けることが、かなりのトレーニングになるのではないかと、私は考えています。一日三回立つのがきびしければ、元気な日に、まとめて下ごしらえをして冷凍しておけば、三度の食事は楽をしながら、それなりに必要な栄養素をきちんと摂ることができます。

【イレブン・チェック】

※すべての答えが太字になるように定期的にチェックしましょう

《栄養・食・口腔》

Q1 ほぼ同じ年齢の同性と比較して健康に気をつけた食事を心がけていますか？

はい　いいえ

Q2 野菜料理と主菜（お肉またはお魚）を両方とも毎日2回以上は食べていますか？

はい　いいえ

Q3 「さきいか」「たくあん」くらいの固さの食品を普通にかみきれますか？

はい　いいえ

Q4 お茶や汁物でむせることがありますか？

いいえ　はい

Q5 一回三〇分以上の汗をかく運動を週に二回以上実施していますか？

はい　いいえ

Q6 日常生活において歩行または同等の身体運動を一日一時間以上実施していますか？

はい　いいえ

Q7 ほぼ同年代と比較して歩く速度が早いと思いますか？

はい　いいえ

《社会参加》

Q8 昨年と比べて外出の数が減っていますか？
いいえ　はい

Q9 一日一回以上は、誰かと食事をしますか？
はい　いいえ

Q10 自分が活気にあふれていると思いますか？
はい　いいえ

Q11 なによりもまず、物忘れが気になりますか？
いいえ　はい

診断結果 太字が6～9：筋肉量をしっかり維持できている可能性が高いです。
太字が0～5：筋肉が固まっていたり、健康に心配なところがあったりする可能性があります。

【指輪っかテスト】

両手の親指と人差し指で輪を作り、利き足ではないほうのふくらはぎの一番太い部分にあてます。

診断結果 ふくらはぎが、両手の親指と人差し指で作った輪より小さく、隙間ができるようであれば、サルコペニアの発症リスクが高いと考えられます。

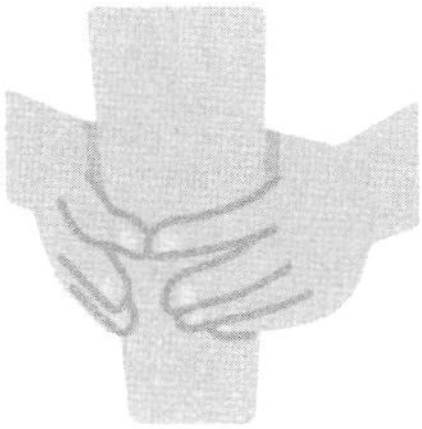

出典：東京大学 高齢社会総合研究機構 飯島勝矢「フレイル予防ハンドブック」より

京子の部屋

食にまつわるちょっといい話

きちんと食べて水分補給

連日、気温の高さがニュースになるほど、猛暑が続く日本の夏。熱中症にならないためには、充分な水分補給を心がけなければなりません。

人間の体は気温が高くなると体温調節のために汗をかきます。汗が蒸発するときの気化熱で体温を下げるためです。汗をかくと水溶性のミネラルやビタミンなども失われるため、疲れやすくなったり、だるさを感じたり、頭がボーっとするなどの症状が起こります。

また、発汗がうまくいかなくなると体内に熱がこもり、頭痛やめまい、発熱などの熱中症の症状になることも。そのため夏を健康に乗り切るためには、きちんと水分補給することが大切なのです。

一方で、シニア世代の方は、最近では冬の脱水症状も心配されています。冬は空気が乾燥しているため、体内から水分が失われやすく、夏に比べてのどが渇きにくいことから、日常的に脱水になりやすいといわれています。

人間が一日に必要な水分量の目安は約2・5リットル。そう聞くと、「そんなに飲めない」と思うかもしれません。

でも、水分補給は水を飲むだけではありません。野菜や果物は8〜9割が水分なので、朝・昼・夜ときちんと食べれば、食事から約1リットルはまかなうことができます。また、栄養素が体内エネルギーに変わるときにも300ミリリットルくらい水ができるので、残り1・2リットルを水やお茶、その他の飲み物などで摂ればよいのです。

一日三食きちんと食べて、食後にゆっくりお茶を飲み、加えて、午前と午後のお茶の時間を楽しめば、脱水症になりにくいのです。

何をどれくらい食べればよいか

ダイエットより低栄養に気をつけて

日本のシニア世代の現状をお話ししてきましたが、要点は、シニア世代こそ一人ひとりが頭で考えて、きちんと食べなければならない、ということです。

じゃあ、何をどれくらい食べればいいのか、という話ですが、一番大事なことは、加齢とともに基礎代謝《きそたいしゃ》（生命活動に最低限必要なエネルギー）は下がるため、摂るべきカロリーの目安は下がりますが、摂るべき栄養素自体は、歳をとってもあまり変わらないということです。たんぱく質を例にすると（下の表参照）、特に女性の場合、三十代でも七十代でも、摂取基準は変わらないことが分かります。ご自分の「手のひら」を基準にチェックするとよいでしょう（左の表参照）。

年齢（歳）	男性	女性
30〜49	65	50
50〜64	65	50
65〜74	60	50
75以上	60	50

たんぱく質の推奨量（g／日）
出典：厚生労働省　食事摂取基準2020
※たんぱく質50gの目安は、卵なら約7個分、
鶏もも肉（皮つき）なら約300gに相当します

主食 （エネルギー源）		【一食分】 握りこぶし大のご飯 または食パン１枚
主菜 （たんぱく質源）	 	【一日分】 ※三回に分けて摂る ①　手のひら（指は入らない）の大きさと厚さの肉または魚 ②　豆腐（½〜⅓丁） ③　卵１個 ④　牛乳コップ１杯
副菜 （ビタミン・ミネラル・食物繊維源）		【一食分】 生なら両手山もりいっぱい 加熱した野菜なら片手１杯分 一食に、両手山もり一杯分の彩りのよい野菜を。加えてきのこ、海藻、芋類などの小鉢もとりましょう
果物 （ビタミン・ミネラル・食物繊維源）	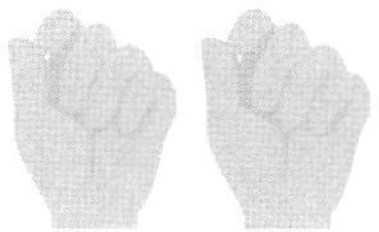	【一日分】 握りこぶし２個分

京子の部屋

食にまつわるちょっといい話

買い物上手の京子ちゃん

私の実家は江戸小紋などを扱う染物屋で、父も母もいつも忙しくしていました。長女の私は、小学校低学年から母に代わって食事を作っていました。

買い物に行く商店街では「買い物上手の京子ちゃん」と呼ばれていました（笑）。例えばきゅうり。「まっすぐのきゅうりは一本一〇〇円なのに、なぜ曲がったきゅうりは三本一〇〇円なのかな？」すると、「曲がってると箱に入らないからだよ」と、八百屋さんが教えてくれるのです。それを聞いて、「ふ〜ん、きゅうりをお皿にそのままのせるなら、まっすぐのほうがいいけど、どうせ切るのだから」と、三本一〇〇円のきゅうりを買っていました。疑問にいつも答えてくれる八百屋さんは食育の先生でした。子ども時代にお世話になった包丁さばきがみごとだった魚屋さん、計算がすばやかった八百屋のおじさん、いつもおまけしてくれた豆腐屋のおばさんなど、なつかしく思い出します。

第四章
一番シンプルで役に立つ冷凍術

上手な冷凍の基本テクニック

シニア世代の「使える冷凍法」とは？

私の食生活に欠かせなくなっている冷凍保存ですが、その保存法にはポイントがあります。それは「なるべくシンプルな形で、使うときのことを考えて保存する」ということです。

では具体的に「使える冷凍」の仕方をご紹介したいと思います。まずは冷凍の基本知識を知りましょう。

食品をおいしく安全に保存するためには、細菌やカビをつけない、増やさないことが重要です。こうした微生物の多くは、マイナス12～15℃以下では増殖が停止するため、マイナス18℃以下の冷凍室で保存すれば増えません。そういう意味では、食品を長もちさせる保存法として冷凍はとても優秀です。

冷凍することで、食品の細胞内の水分が凍ります。水分は凍ると体積が増えるため、食品の細胞膜を傷つけます。細胞が傷ついているため、解凍してももとの状態には戻らず、食感に変化が生じます。また傷ついた細胞膜の隙間から解凍時に水分が流出します。これが「ドリップ」と言われるものです。

でもこの特徴は考え方によっては利点にもつながります。解凍した食品は食感が変化し、中がスカスカのスポンジ状になるため、逆に言うと**加熱すると火の通りが早くなったり、調味料の浸透もよくなる**のです。

例えば玉ねぎは冷凍すると、生よりずっと早く火が通るため、生の状態からあめ色になるまで炒めるのは、とても時間がかかりますが、一度冷凍してからすれば調理時短になります（P138参照）。

魚や肉は、冷凍する前に塩をふって脱水させ、調味料に漬け込んで冷凍すると味が染み込みやすくなります。本来なら、漬けこむ時間も調理時間に換算して料理しなければなりませんが、フリーザーバッグごと冷凍室に入れてしまえば、冷凍室で味が染み込むので、これも時短になります（P110参照）。

おいしさを保つ冷凍術　七つのポイント

1　鮮度のいい状態で冷凍する

冷凍は鮮度をキープする技術です。**どんな食材も鮮度がいい状態で冷凍する**のが鉄則です。購入後一週間冷蔵庫で寝かせて、食べきれないからと冷凍するのではなく、食材を買ったらなるべく早く冷凍するようにしましょう。

2　食材は薄く平らにする

冷凍の大きなポイントは、食品に含まれる「水分をどうコントロールするか」です。食品が凍るまでに時間がかかると氷の粒が大きくなり、解凍したとき細胞膜が壊れて、おいしさや栄養成分が失われ、食感や風味が低下します。冷凍するまでの時間が短ければ、解凍したときのドリップの流出も少なく、栄養成分とおいしさを保つことができます。すばやく冷凍するためには、①**食品を薄く平らに均等に**

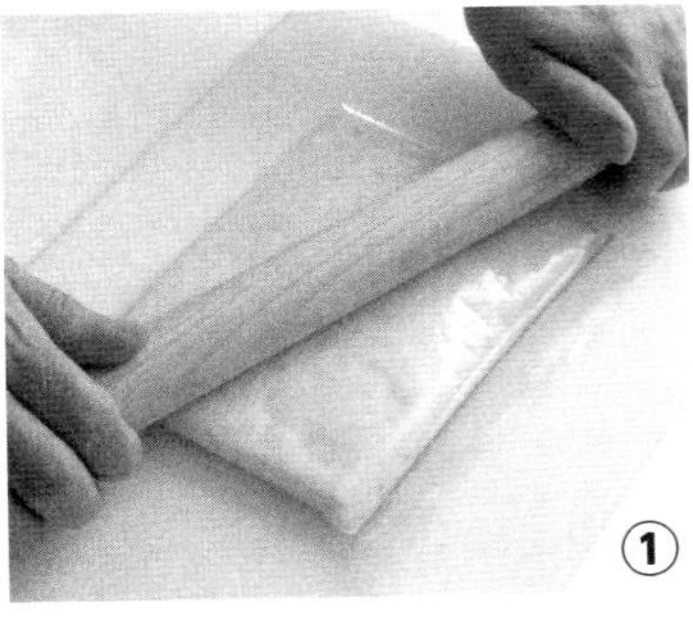

①

広げることです。

3　なるべく空気に触れないようにする

食品は**空気に触れると酸化が進み**、味や風味の低下につながります。ジッパーつきのフリーザーバッグに入れ、ストローで中の空気を吸って、抜いてから閉じると酸化が防げます。肉や魚など酸化しやすい食品は、②フリーザーバッグに入れる前に、ラップで包んでおきます。

4　水分の多いものは加熱してから冷凍を

冷凍の耐性を高めるために、予《あらかじ》め食材を加熱することを「ブランチング」と言います（P144参照）。③野菜や根菜類は加熱することで組織細胞が壊れ、**冷凍後に解凍しても水分が出にくくなり、食感の変化も少なくなります**。また、加熱によってカサが減りストックしやすくなります。白菜

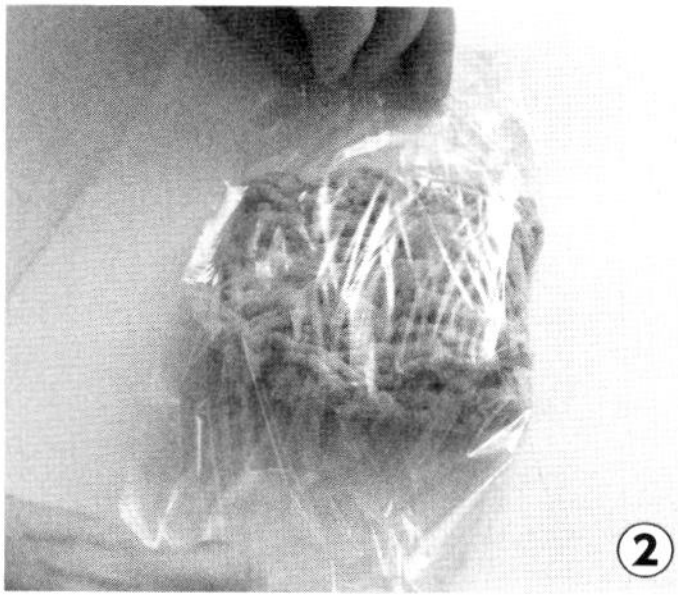
②

③

やキャベツなど④水分の多い葉物野菜は、塩もみしても同じ効果が得られます。

5 使うときのことを考えて小分けにする

「使うときのことを考えた冷凍」はとても重要です。考えずに食材をひとかたまりで冷凍してしまうと、使わない分まで解凍しなければならなくなります。解凍した食品の再冷凍は味と品質の低下につながるので、避けましょう。使いにくい冷凍食品は結局使わなくなってしまい、冷凍室を占拠していきます。これでは電気代やスペースの無駄づかいですよね。

冷凍するときは**どんなふうに使うかを考えながら、使いやすい量を小分けに**したり、⑤フリーザーバッグに菜箸などを押し当てて溝を作り、使う分だけパキッと割ってとり出せる工夫をしましょう。

6　フリーザーバッグには日付を記す

冷凍保存したものにも賞味期限はあります。**一カ月程度で食べ切る**のが目安です。もともと日もちのしない生鮮食品は特に早めに食べることをおすすめします。⑥フリーザーバッグには冷凍した日付を書いて管理しましょう。

7　冷凍庫ではグループ分けして立てて収納

冷凍保存は凍るまで横に収納し、⑦**凍ったら縦にして並べて収納すると、見やすく、スペースを有効利用**できます。また中に何が入っているか分かりづらいと、冷凍室の扉を開けておく時間が長くなってしまうので、ぱっと見やすい収納は必須です。**なるべく冷気を逃さず、冷凍室内の温度を上げない**ように、食品は肉・魚・野菜など、グループごとに分けて入れ、とり出しやすくしておくこともポイントです。

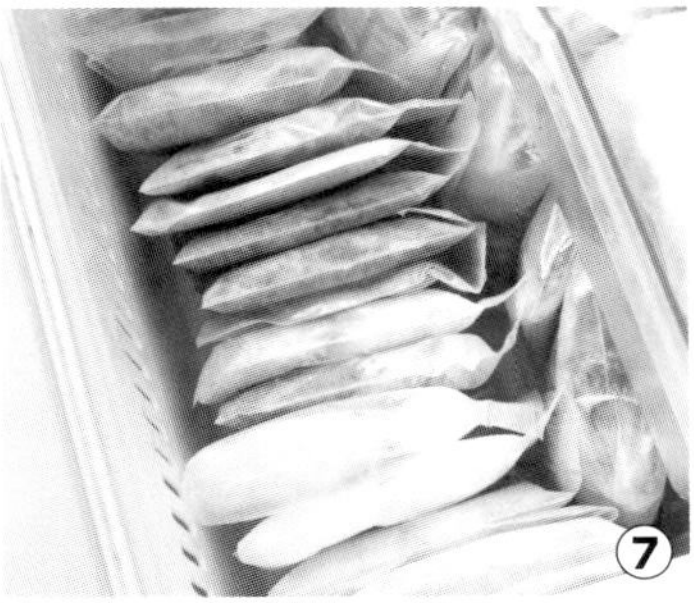

ミニトマト

水分を豊富に含んだトマトは、冷凍すると水分量の変化から皮が裂けます。写真はミニトマトですが、大きなトマトもつるんと皮がむけるので、まるごと調理するのに向いています。

洗ってヘタをとり、ペーパーで水分をぬぐう

冷凍すると皮が裂け、水に浸けるとつるんと皮がむけます

そのまま冷凍
漬けて冷凍
切って冷凍
加熱して冷凍
シンプル調理で冷凍

煮びたし
水に浸けて皮をむき、凍ったまま、めんつゆで煮る

和風サラダ
水に浸けて皮をむき、しょうゆ、オリーブオイル、かつおぶしをかける

トマトのシャーベット
水に浸けて皮をむいて器に盛り、コンデンスミルクをかける

パスタソースまたはスープ
凍ったまま煮込み料理やパスタソース（トマトソース）、スープなどに加える

油を使わない料理　油を使う料理　デザート、ドリンク　ちょい足しのアイデア

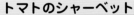

冷凍すると湯むきの手間が省ける

ミニトマトの皮。そのまま食べてもいいのですが、皮の食感が気になることもありますよね。それなら冷凍がおすすめです。

冷凍は水の科学であるという話（P53参照）をしましたが、水は凍ると体積が増えます。トマトの中の水分も凍ると体積が増えるので、表面を覆っている皮はそれに耐えられず、裂けてしまいます。ですから、解凍後に水に浸けると、裂け目からスルッと皮がむけるのです。

大きなトマトも、同じです。包丁でむくのは億劫《おっくう》だし、湯むきするためにわざわざお湯をわかすのもめんどう。でも冷凍すると、皮が裂けて、やはり水に浸けるだけでつるんとむけます。

大事なことは、表面の水分をとってから冷凍すること。ペーパーや布巾でふけばよいだけですが、このひと手間をかけることで、トマトどうしがくっつくのを防げます。冷凍は、使うときに使う分だけとり出せることが大事ですから、くっつかないように冷凍保存するとよいですね。

冷凍トマトをだし代わりに

冷凍したミニトマトは半解凍でサラダにしたり、凍ったまままめんつゆでサッと煮て、煮びたしにしても味がよく染みておいしくいただけます。

甘いミニトマトが手に入ったときは、皮をむいた凍ったトマトをガラスの器にもって、デザートにシャーベットとしていただきます。赤いフルーツのようにも見えてすてきなデザートになるので、ぜひ試してみてください。少しコンデンスミルクやはちみつをかけると、さらにおいしくなります。

その他、固形スープの素のような感覚で使うこともあります。冷蔵庫の残った野菜を刻んで、スープにして、仕上げに冷凍室から数個ミニトマトをとり出して、スープに入れて煮込みます。トマトにはグルタミン酸などうまみ成分があるので少し加えるだけでうまみがプラスされますし、色もきれいですね。

大きなトマトの場合も、凍ったまま好きなだけおろし金ですりおろし、カレーに入れたり、トマトソースなどに活用しています。

卵

卵の中身は常温では流れてしまって手でつかめませんが、冷凍すると固くなるので、扱いやすくなります。生のままでは作るのに手間がかかる料理も、冷凍することで、作りやすくなります。

洗って水けをふきとり、ラップで一つひとつ包む

冷凍すると殻にひびが入るので、水に浸けると簡単にむけます

殻をむいて5～6分置くと白身が液状になり、黄身が分離できるようになります

スコッチエッグ

殻をむき、ひき肉ダネで包んで、小麦粉、溶き卵、パン粉の順につけて、170℃の油で、狐色になるまで揚げる

ふたご卵

半解凍で殻をむき、包丁で半分に切り、フライパンで焼く。黄身がふたつの目玉焼きができる

温泉卵風ココット

殻をむき、ココットなど耐熱容器に入れ、白身が液状になるくらいまで自然解凍したら白だし小さじ1を加え、電子レンジ（600w）で30秒ほど加熱する

黄身漬け

殻をむき、卵黄がとり出せるまで自然解凍されるのを待つ。とり出した卵黄をめんつゆに浸けて一晩冷蔵庫で寝かせる

油を使わない料理　油を使う料理　デザート、ドリンク　ちょい足しのアイデア

殻が割れる原理はミニトマトと同じ

生卵も冷凍することができます。冷凍すると質感が変化するので、生では食べられませんが、解凍して目玉焼きや卵焼きにする分にはまったく問題ありません。半解凍で耐熱容器に入れ、白だしを加えて電子レンジ加熱する「温泉卵風ココット」は私のお気に入りの一品です。

そして卵もまた水分が多い食材です。凍らせると殻が割れるのは、ミニトマトと同じ原理です。そのため、割れ目から中の白身が出ないように、ラップで包んで冷凍するとよいでしょう。水に浸けると簡単に殻をむくことができます。

冷凍スペースに余裕があれば、一個ずつラップに包んでから、買ったときの卵パックに戻して冷凍すると安定します。

卵もそれなりに保存がきくので、わざわざ冷凍することもない食品ですが、いっぱい買った日には冷凍がおすすめ。また、冷凍するからこそできる調理法もあるのです。

冷凍だからこそできる調理法、できない調理法

半解凍にした卵を包丁で半分に切り、それをフライパンで焼くと、一つの卵でも黄身が二つの目玉焼き「ふたご卵」のできあがり。

また、冷凍すると黄身が固くなるため、しょうゆ漬けにするのにも黄身が扱いやすくなる利点もあります。ちなみに黄身漬けにして余った白身は、かき玉汁に使ったり、生卵とまぜて卵焼きにしたり、活用しています。

調理済みの卵は冷凍すると食感が変わってしまうものがあります。その代表がだし巻き卵。だし巻き卵は卵にさらに水分を加えて作ります。その水分が凍ると、解凍のときに流れ出して中がスポンジ状になってしまうため、食感が悪くなってしまうのです。

卵と砂糖や塩だけで作る薄焼き卵なら、そうした食感の変化はありません。私の冷凍室には薄焼き卵が常備されています。切って錦糸卵にすれば、ちらし寿司、冷やし中華、そぼろ丼など、料理の彩りに活躍してくれます。

合いびき肉

ひき肉は、肉だんごやハンバーグにする際も冷凍すると固まるのでつなぎがいりません。その特徴を生かすと、やわかいステーキもできます。

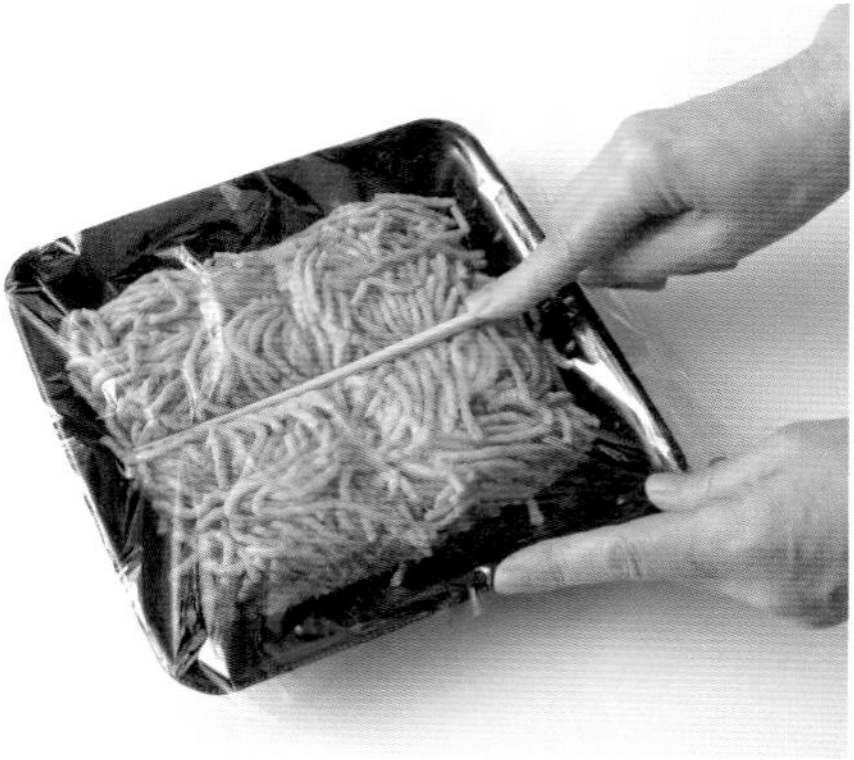

一回分で食べたい分量を想定して、溝をつけ、購入時のトレイでそのまま冷凍

↓

凍らせてまとまったら、一つずつラップに包み、フリーザーバッグに入れる

冷凍すると、つなぎなしでもまとまりやすくなります。冷凍してから焼くとやわらかいステーキのような食感に

やわらかミニステーキ

凍ったまま、油をひいたフライパンで焼き、焼肉のたれをかける

キーマカレーまたはミートソース

市販のレトルトカレーにまぜて“贅沢キーマカレー”に。凍ったまままぜて加熱する

市販のトマトソースにまぜて“贅沢ミートソース”に。凍ったまままぜて加熱する

油を使わない料理　油を使う料理　デザート、ドリンク　ちょい足しのアイデア

冷凍法に工夫しがいがあるのがひき肉

野菜は下処理に時間がかかるので、冷凍に工夫がいりますが、肉や魚はそのまま冷凍しても問題ないので、基本的には特別なテクニックはいりません。

ただ、ひき肉は、さまざまな調理法がある分、ある程度工夫しがいがある食材です。

おすすめの冷凍保存法は、使う用途に合わせて一回分ずつ小分けしておくことです。大体一回分の目安が一〇〇グラムだとすると、二〇〇グラムのパックを買ったら二回分、四〇〇グラムのパックを買ったら四回分になります。パックに入ったまま、厚みを均等にならし、菜箸などを押し当てて、十字に溝をつけて冷凍室へ。凍ったらとり出し、溝に沿ってパキッと折って小分けにします。合いびき肉は空気に触れると特に酸化しやすいので、一つずつラップでピタッと包み、フリーザーバッグに入れておきましょう。

鶏肉、豚肉、牛肉など、他のひき肉も方法は同じです。

つなぎいらずで厚切り肉のような味わいに

安価で食べやすい合いびき肉は、使い道も多く、便利。解凍せずにそのままステーキのように焼いてもよいのです。冷凍すると固まるので、つなぎいらずで厚切り肉のようなボリューム感が味わえます。やわらかく食べやすいので、シニア世代の方にはぜひ試していただきたいです。私は、玉ねぎのすりおろし、バター、ケチャップでソースを作って食べるのが好きですが、冷蔵庫の中に焼き肉のたれがあったら、そのまま使ってしまえば手間いらずです。冷凍室に大根おろしがあれば（P１３４参照）、添えるとさっぱりいただけます。

もし、ハンバーグにすると決めているなら玉ねぎのみじん切りをまぜてから冷凍してもよいでしょう。

固まった状態の合いびき肉も、液体の中に入れればパラパラになります。市販のレトルトカレーやトマトソースにプラスすると贅沢キーマカレー、贅沢ミートソースに変身します。

さわら
かじきまぐろ

調味液に漬けて味をしっかり染み込ませるのには時間がかかりますが、冷凍しながら漬ければ一石二鳥。漬け置きの時間が省けます。

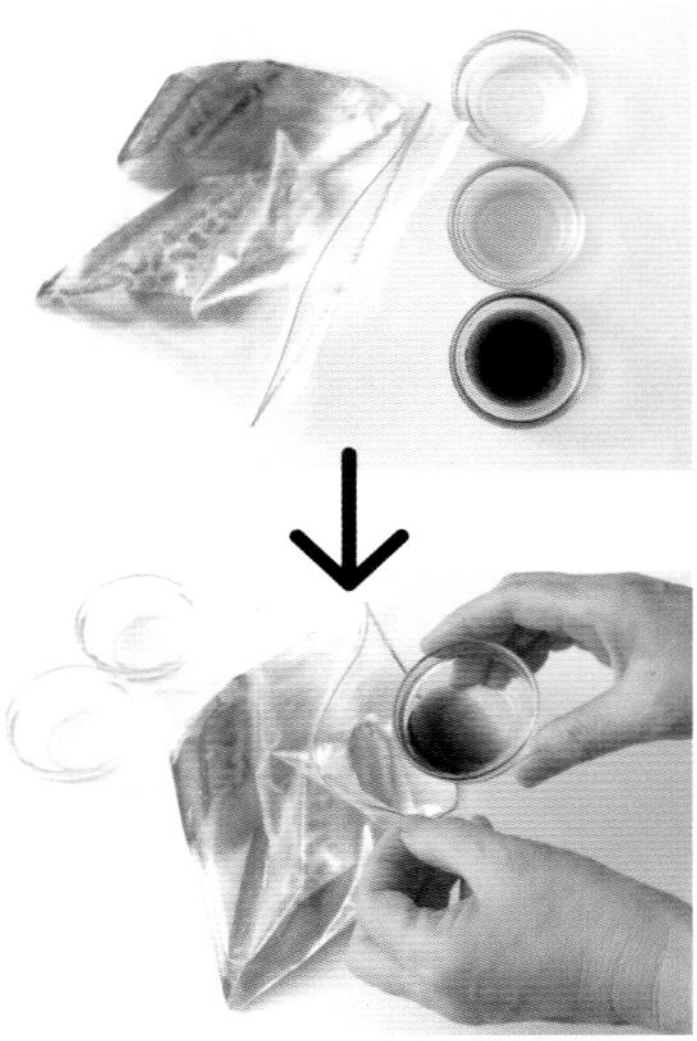

80gの切り身2切れに、酒、みりん、しょうゆ各小さじ2

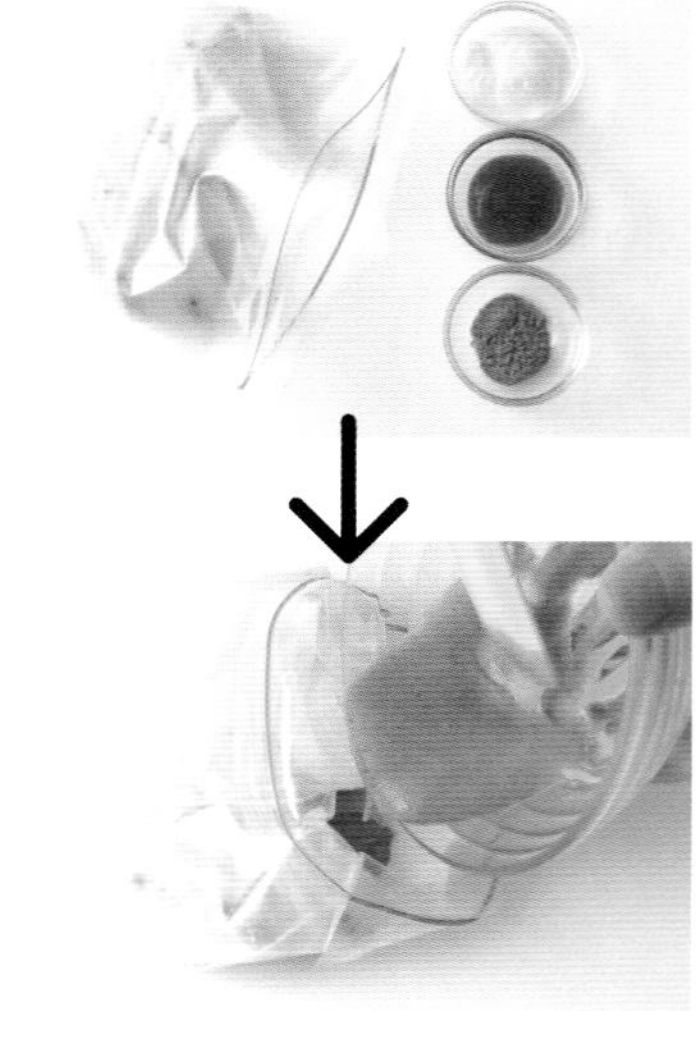

80gの切り身2切れに、プレーンヨーグルト大さじ1、ケチャップ大さじ½、カレー粉小さじ1

これでもできる

鮭、ぶり、
さば、鶏肉
など

さわらの幽庵《ゆうあん》焼き

自然解凍してクッキングシートを
敷いたフライパンで焼く

これでもできる

たら、鶏肉
など

かじきまぐろのタンドリー風

自然解凍してクッキングシートを
敷いたフライパンで焼く

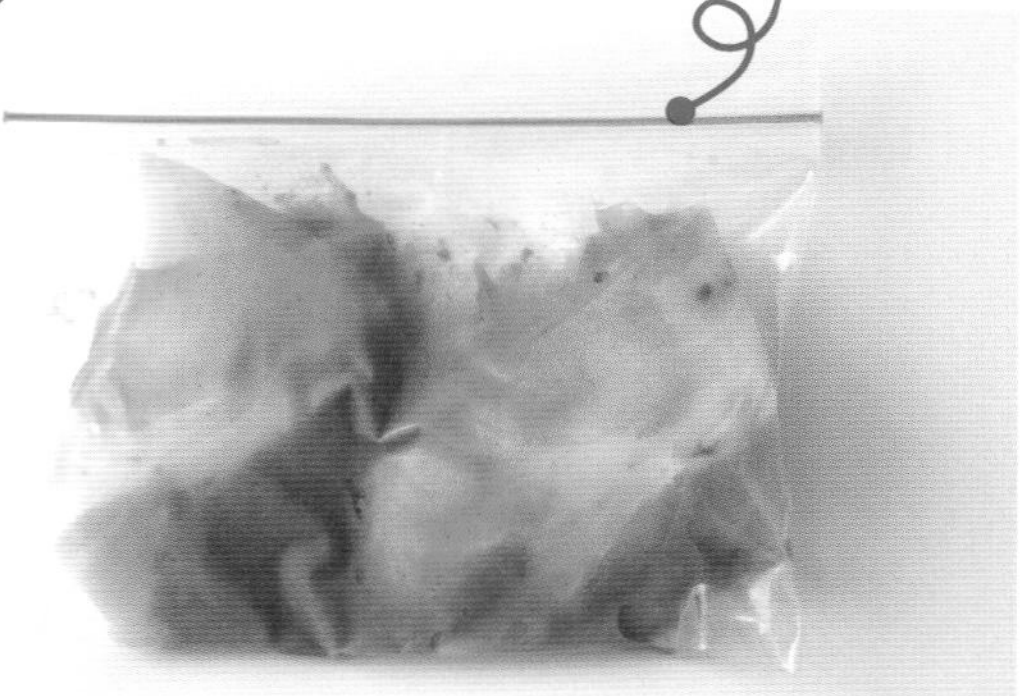

油を使わない料理　油を使う料理　デザート、ドリンク　ちょい足しのアイデア

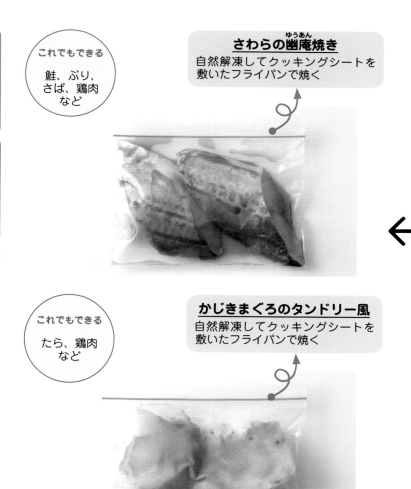

昨今人気の〝漬け置き〟冷凍

調味料を上手に組み合わせて調味液を作り、食材を調味液に漬け込んで冷凍する方法は、時短テクとして昨今人気があります。調味料とともにフリーザーバッグに入れて冷凍室へ入れると、凍るまでの時間に調味液が食材に染みるため、味が染みるまで待っていなければならない時間が省けるのです。

シンプルにグリルで焼き魚にする場合、切り身を買ってきたらそのまま冷凍すればよいですが、焼き魚は時間もかかりますし、焼き加減をチェックしないと失敗する可能性もあります。

その点が、浸け置き冷凍は楽ができるので、一つ冷凍室に入っていると安心です。時間のあるときに調理して、食べたいときに食べられるので、私もお買い得なときに買って、この方法で保存しています。

例えば夕飯に食べるなら、朝、冷凍室から冷蔵庫へ移しておきます。すると夜には冷蔵庫の中で自然解凍されていて、すぐに調理ができるためとても便利です。

ポイントは素材に合うつけ汁を選ぶこと

魚の種類によって合う味つけがあるので、ご紹介しましょう。

私がふだんよく活用しているのは和風と洋風の二種類。和風が「酒・みりん・しょうゆ」。洋風が「プレーンヨーグルト・ケチャップ・カレー粉」です。

和風のみりんじょうゆはさわら、ぶり、さば、鮭などの魚とよく合います。この調味液をベースにして、山椒や七味唐辛子、おろししょうがなどを足すと、味のバリエーションが広がります。

洋風の調味液は、例えて言うならカレー粉がきいたタンドリー風の味つけです。これはかじきまぐろやたらなどの白身魚が合いますね。

お肉に活用するなら、鶏肉がおすすめです。和風も洋風も両方よく合うので、試してみてください。

自然解凍したら、グリルかフライパンにクッキングシートを敷いて焼くと、焦げずに上手に焼けるうえ、あと片づけも楽になりますよ。

バナナ キウイ

食後に果物があるとなんだかうれしくなりますね。すぐ熟してしまう果物も、完熟になった瞬間を冷凍保存することで長く楽しめます。

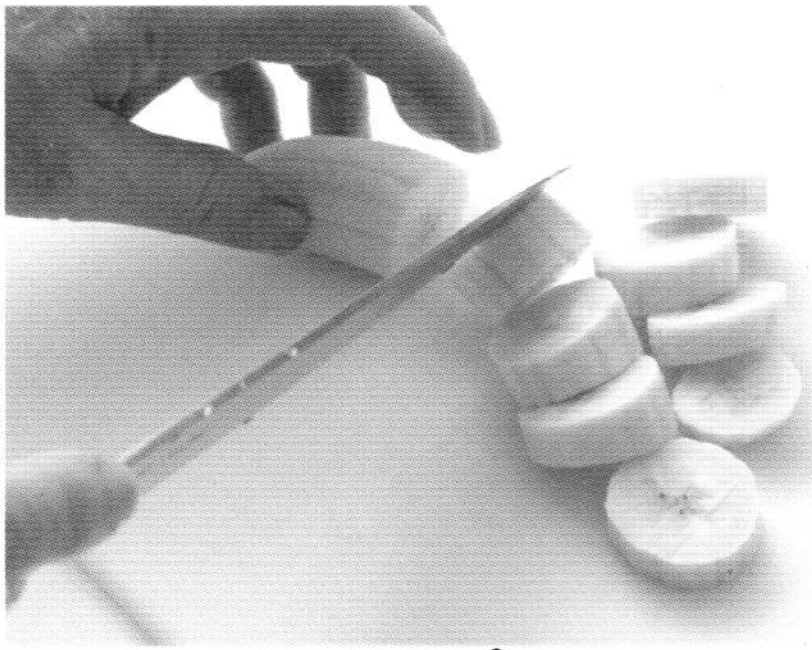

バナナは厚さ1㎝の輪切りにする

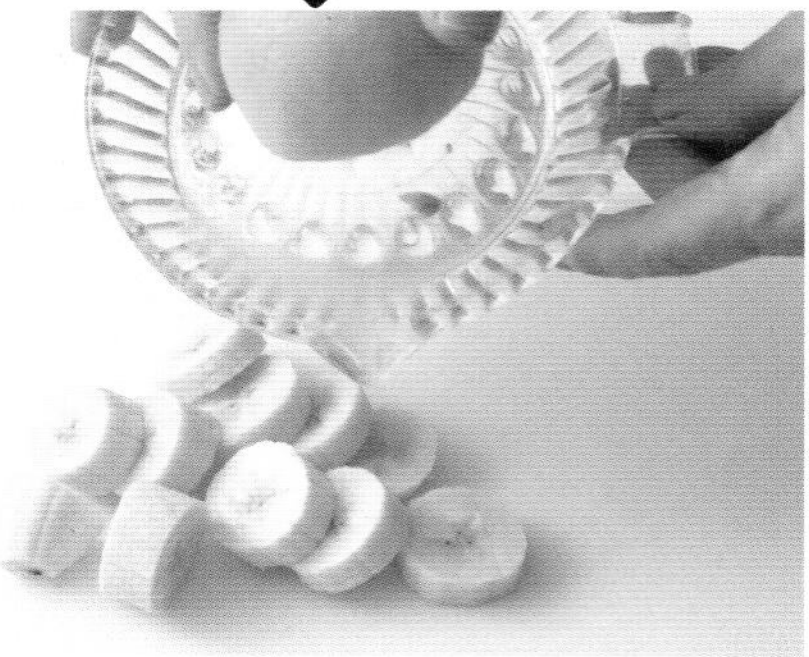

変色防止にレモン汁をかける

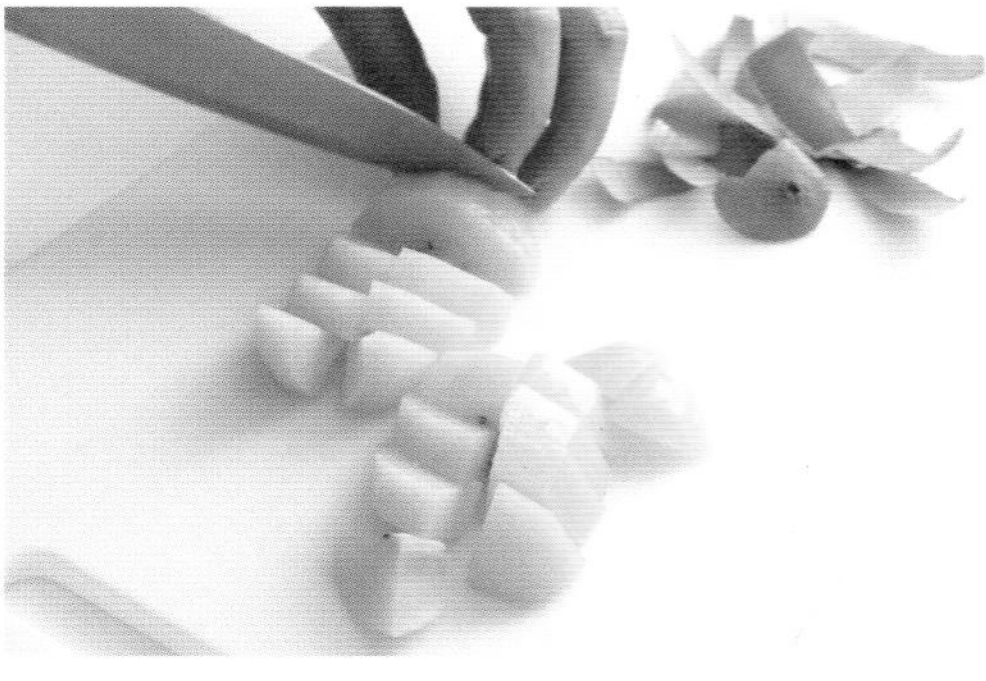

キウイは一口大のいちょう切りにする

フルーツカクテル
フルーツを数種類ガラスの器に盛ってフルーツカクテルに。ブルーベリーなど冷凍フルーツがあれば種類が増える

スムージー
生のまま冷凍した小松菜とともに水または牛乳を加えてミキサーにかける

これでもできる
残った桃やパイナップルの缶詰　など

パンケーキやヨーグルトのトッピング
室温に置いて半解凍で添える

フルーツティーまたはフルーツソーダ
アイスティーや、炭酸水に浮かべればおしゃれなドリンクに

油を使わない料理　油を使う料理　デザート、ドリンク　ちょい足しのアイデア

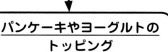

シニア世代はお菓子より果物

食が細くなってしまったけれど、お菓子なら食べられる、というシニア世代の方もいらっしゃいますが、栄養素の面だけで話をすると、シニア世代は、もうお菓子は食べなくてもよいのです。

そんなことを言うと寂しい響きがありますよね。甘いものがお好きな方は多いですし、甘いものを食べるとなんだかほっとするものですよね。

お菓子が好きな方にとっては、お菓子はお菓子。それに代わるものがないのはよく分かるのですが、同じ糖分を摂るなら、食物繊維やビタミンが豊富な果物は、健康指数的には、お菓子よりずっとおすすめです。目安としては一日に握りこぶし二個分は食べたほうがよいのです（P89参照）。

果物はあえて買わないけれど、あれば食べる、という意見もよく聞きます。ならば、常にある状態、さらにすぐに食べられる状態を作っておけば、自然に食べるようになりますね。

三種類の果物を全部で握りこぶし二つ分食べる

私はいつも、三種類の果物を摂るようにしています。生のまま三種類を食べようとすると大変ですが、冷凍してしまえば簡単です。三種類あると、色もきれいですし、果物それぞれの異なる栄養素を摂ることができます。品目が増えるということはそれだけで栄養バランスがよくなります。

やり方は簡単で、ぶどう（巨峰やシャインマスカット）、ブルーベリーなどは洗って一粒ずつにし、キウイや桃などは一口大にカットしてフリーザーバッグに入れるだけ。中にはバナナのように酸化により変色する果物があるので、レモン汁を絞っておけば変色を防げます。こうしておくと食べるとき好きな分とり出せます。

でも、みかんなど常温で保存できるもの、りんごなど比較的長もちするものは、あえて冷凍する必要はありません。ならば、とりあえず二種類を冷凍保存しておけば、充分です。

一日に、合わせて握りこぶし二つ分、を目標に旬の果物を楽しみましょう。

きのこ
パプリカ

何種類かあるとうれしいきのこ。赤と黄色があるときれいなパプリカ。でも、いろいろ買っても食べきれない……そんな悩みを解決してくれるのが冷凍です。

しいたけは石づきを除いて四つ割り、しめじは石づきを除いてほぐし、えのきは根元を切り落として三等分に切る。すべて小1パックで合計120gほど

赤パプリカ、黄色パプリカを1cm角に切る。各½個で合わせて160gほど

きのこうどんまたはきのこ汁
凍ったまま煮汁に入れて加熱する

きのこカレーまたはビーフストロガノフ
凍ったままオリーブ油でさっと炒め、レトルトカレーとともに加熱する。ビーフストロガノフも同様に

ポタージュ
レシピ→P164

オムレツ
凍ったままフライパンで炒めて、溶き卵を加えて焼く

マリネ
レシピ→P166

パスタまたはスープ
凍ったままパスタソースやスープに加えて加熱する

ピラフ
冷凍ピラフにまぜ、フライパンで炒めるか、電子レンジで加熱する

油を使わない料理　油を使う料理　デザート、ドリンク　ちょい足しのアイデア

きのこは香り、パプリカは彩りをプラスしてくれるお助け食材

生のまま冷凍できる食材の代表がきのことパプリカ。私の冷凍室にはいつも入っています。

きのこが入ると香りやうまみが増してお料理の味がぐんとあがります。また食物繊維も豊富なので、栄養的にも優れています。パプリカはビタミンが豊富で、料理に入れると彩りがよくなり、見た目アップに貢献してくれます。どちらも少しあるだけで、ワンランク押し上げてくれるお助け食材なのです。

ところが、きのこ類は冷蔵保存しても日もちがしないですし、パプリカは一個290円ほど。けっこうなお値段なのに、買っても食べきれず、気づくと冷蔵庫の中で干からびていた、なんてことないですか？

どうせなら、きのこはいろんな種類があったほうがうれしいですし、パプリカは赤も黄色もあったほうがきれいです。でも、そんなに一気に食べられません。

ですから、きのこやパプリカは好きなだけ買って、まず食べられる分食べて、あとは冷凍してしまうとよいのです。

使える冷凍のコワザ！　干してから冷凍

冷凍するときは、それぞれを食べやすい大きさに切って、そのままフリーザーバッグに入れればOKです。一種類ずつ保存でもいいですが、私はいつもミックスしています。

きのこは、いろいろ種類がありますが、それぞれ特徴が異なるので、数種類食べるのが健康的にもよいのです。例えば、しいたけは骨を丈夫にするプロビタミンD（ビタミンDの前駆物質）が豊富なのでシニア世代におすすめです。きのこ類の中でも高い抗酸化作用があるのがえのきだけ。そして、うまみ成分が多いのがしめじです。そのまま冷凍してもよいのですが、天日干しするとうまみや栄養がさらにアップします。切ったあと、二〜三時間干してから冷凍すると、水けが抜けてかさが減るため、省スペースにもなるうえ、うまみが凝縮されておいしさも増します。

パプリカはβカロテンやビタミンCが多く、カプサイシンやルテインなど抗酸化作用のある栄養素も豊富です。

白菜

ほとんどの方が、白菜を買うのは鍋をするとき。理由は大型野菜で冷蔵庫の場所をとるから。でも、塩でもんで冷凍するとこんなに小さくなります。

ざく切り200gに対して塩小さじ1/3（1%）をふる

軽くもむ

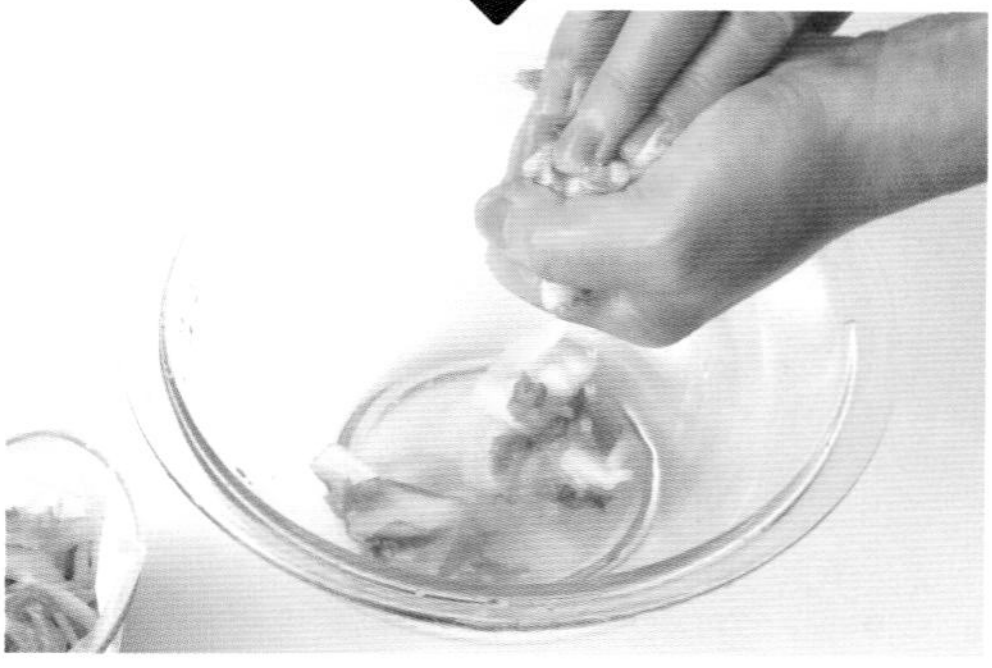

30分ほどおいて、水気をしぼる

白菜とベーコンのスープ
凍ったままベーコンとともに炒めて、固形スープの素と水を加えて煮る

白菜と豚肉の中華煮
凍ったまま豚ばら肉とともに炒め、中華スープの素を加え、とろみをつけて味を調える

これでもできる
キャベツ、青梗菜など

白菜の甘酢和え
自然解凍で水気を絞り、酢1：砂糖1をまぜて甘酢をつくり、ごま油小さじ1を加えて和える

白菜と油揚げのさっと煮
凍ったまま、短冊に切った油揚げとともにみりんとめんつゆ、水で煮る

油を使わない料理
油を使う料理
デザート、ドリンク
ちょい足しのアイデア

上手な冷凍のコツは、水分をうまく処理すること

「冷凍は水の科学である」という話をしましたが（P53参照）、水分を多く含む食材ほど冷凍の難易度は上がります。つまり、水分問題をどう解決するかが冷凍の肝なのです。

ミニトマト（P98参照）のように体積の変化によって皮をむきやすくしたり、卵（P102参照）のように固めて白身と黄身を分離したり、水分問題をうまく活用する方法もあります。一方、多すぎる水分を排除する方法は、二つあります。一つが加熱することで、もう一つが塩でもむことです。白菜やキャベツなど、生でも食べられる大型の葉物野菜の場合は、後者をおすすめします。

時短調理であれば、ある程度調理してから保存したほうがよいですが、シニア世代の場合、冷凍の目的は、場所をとらないようにコンパクトにすること、素材の変質を避けることの二点だと思います。できるだけ、シンプルな調理法で冷凍しておけば、いろいろな食べ方ができますし、どう食べるかを、考えることが脳の刺激になるはずです。

常に三つぐらい料理法が浮かぶのが理想

料理を長年してきた方は、素材を見ると最低でも三つぐらいは調理法が浮かぶものだと思います。冷凍するとどうしても素材自体は変化してしまうので、買ってすぐにできる調理法が、冷凍後も同じようにできるわけではありません。冷凍後は、「生のまま」「炒める」「煮る」この三つの調理法にあてはめればよいのです。

冷凍野菜は生のサラダなどには向かないので、生なら和え物に、炒める場合はどうしても水分が出てしまうので、あんかけなどに、という工夫が必要です。煮る場合は、スープなどの汁物も含め、比較的どんな調理もしやすいので、おすすめです。

キャベツやレタスは生のままサラダにする方が多いようですが、白菜も同じように手でちぎったり、せん切りにしてサラダ感覚で食べられます。買ったその日はシャキシャキのサラダを楽しみ、残ったものは冷凍保存して、甘酢和え、炒め物、煮びたしと調理法を変えれば、飽きることなく楽しめます。大きな野菜も、冷蔵庫のスペースを気にせず、いつでも買えますね。

ねぎ　にんにく　しょうが

薬味といえば、ねぎ、にんにく、しょうがが常連。この三つがあると、食卓がゆたかになります。冷凍の仕方が分かれば、常備できます。

長ねぎや万能ねぎは小口切りにして冷凍。みょうがも同じようにすれば冷凍保存できる

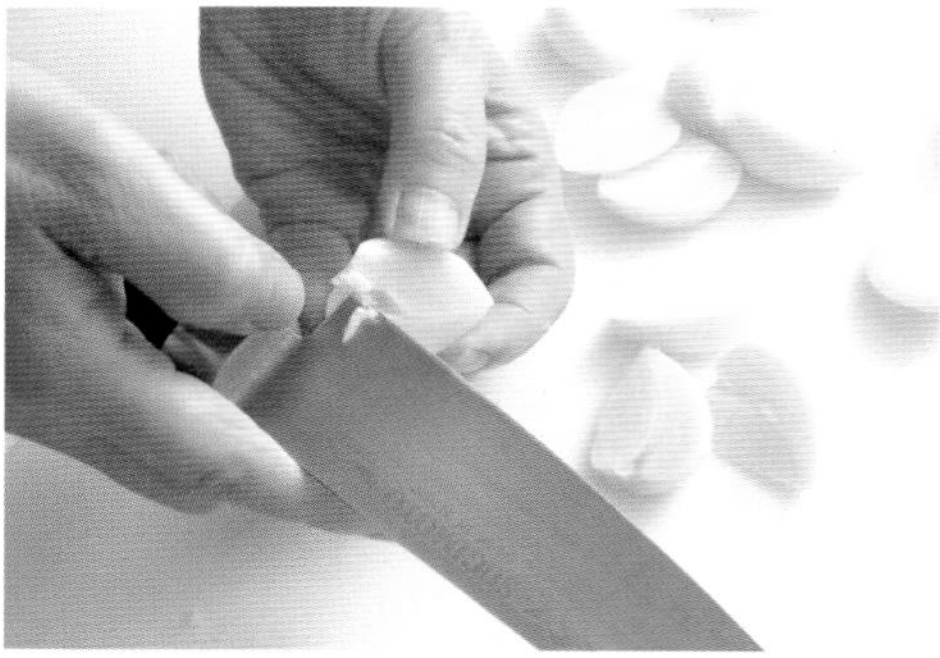

にんにくは薄皮をむいて二つ割りにして、中心の芽をとり除いて冷凍

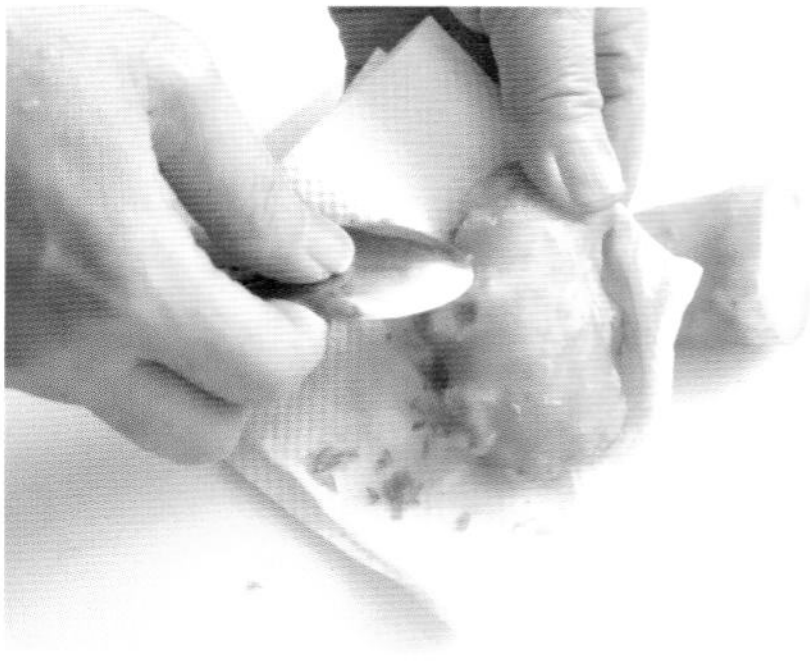

しょうがは洗って皮の汚れた部分をとり除きそのまま冷凍。スプーンを使うとやりやすい

みそ汁やうどんなど汁物に。好きな分とり出して使えます

凍ったまますりおろして使えます。常温で２～３分置けばみじん切りもできるようになります

この状態で凍ったまま好きな分すりおろして使います。わさびも同様に冷凍できます

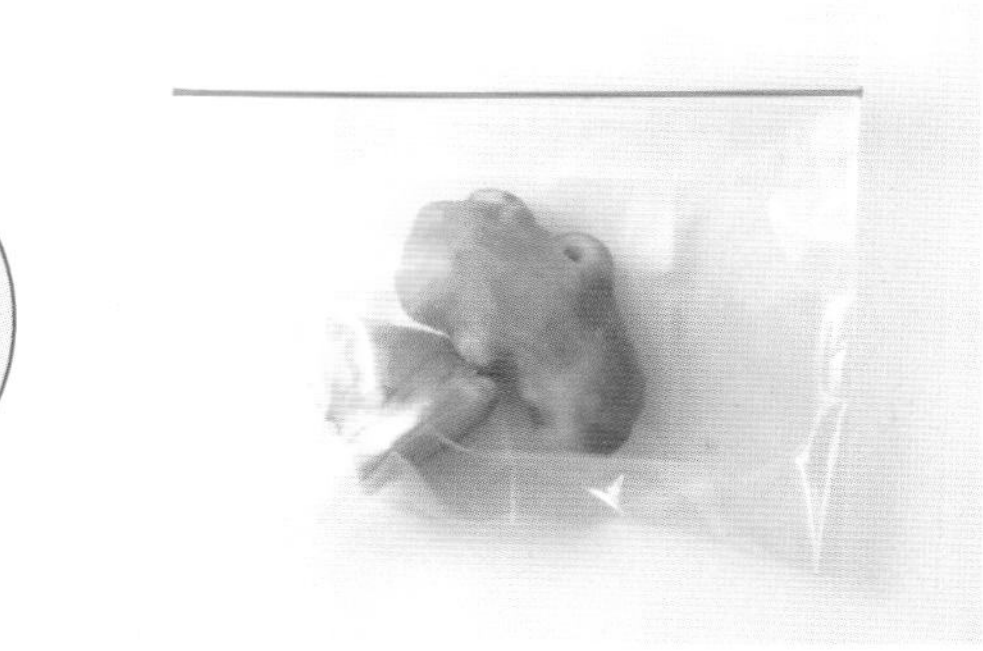

毎日使うわけではないけど、必要なときにないと寂しいもの

薬味といえば、ねぎ、しょうが、にんにくが代表でしょう。みそ汁に毎日ねぎを使うという方はいらっしゃるかもしれませんが、例えば、万能ねぎの場合、意外に足が早いわりに、一回にそうたくさん使うわけではありません。

にんにく料理は毎日はしませんし、しょうがもすりおろしてちょっと添える程度ですから、一個を使い終わる前に傷んでしまいがちです。

でも、必要なときにないと寂しいのが薬味です。最近はチューブ入りの商品もありますが、冷凍保存もできます。

冷凍のよい所は、ちょっとその存在を忘れてしまっても、大丈夫なこと。生のまま忘れてしまうと、ねぎは、成長して中が少々どろっとした状態で発見され、にんにくはカビたり、しょうがは変色して黒くなってしまったりします。でも、冷凍の場合はそういったことがないので安心です。

ねぎもにんにくもしょうがも、使うときは基本的には凍ったまま使います。

ねぎは一本より三本セットで、にんにくは迷わず青森県産を

同年代の方と話をすると、「子どもが独立してからは、ねぎは一本しか買わないわね」という方もいらっしゃるのですが、私は、迷わず三本セットを買っています。だって、断然お買い得ですから。三本買っても、冷凍しておけば、朝のみそ汁に、お昼のうどんに、と重宝します。

先日は薄切りの豚肉がお買い得だったので、ゆでて「豚しゃぶ」にしました。ごま油に塩と冷凍ねぎを入れて「ねぎ塩だれ」を作り、和えていただきました。油と塩だけでは寂しくても、ねぎがあれば、一気に味わい深くなります。

にんにくの場合は、中国産は１００円ほどで買えますが、あえて、青森県産の一個２９８円を買い、冷凍して大切にいただいています。

毎日使うものは、お得な増量セットを買って、冷凍保存で上手に使い切る、しょっちゅう使わないものは、贅沢な食材を買って、冷凍保存で大切に使う……そんなふうに工夫ができるのも冷凍の魅力です。

長芋

そのまま食べればサクッとして、すりおろせばふわっふわの長芋。ステーキや山かけなど、使い道もいろいろあります。いろいろ使える食材こそ冷凍保存がおすすめです。

幅2㎝の輪切りにして皮をむく

↓

すりおろして冷凍

たたき長芋
5分ほど置いて半解凍にしてめん棒でたたき、しょうゆ、わさび、刻みのりをかける

長芋のステーキ
フライパンにオリーブ油を引き、凍ったままソテーして、塩・こしょうで味を調える

このまま使っても、半解凍で切っても、好きな分だけすりおろして使ってもOK

山かけ
たたいた状態、またはすりおろして、お刺身に添える

とろろ和え
たたいた状態、またはすりおろして、和え衣にする。ほうれんそうなどの葉物や、きのこなどに

そのままとろろ汁にしたり、少量ほしいとき、時間のない朝などは、好きな分割って使えます

とろろ汁
自然解凍し、めんつゆと水で味を調えて、とろろ汁に

とろろそば
自然解凍でかけそばにかけてとろろそばに

とろろ納豆
朝食時、少量パキンと割って、凍ったまま納豆にまぜる

お好み焼き
少量パキンと割って、解凍してから生地にまぜて焼く

油を使わない料理　油を使う料理　デザート、ドリンク　ちょい足しのアイデア

長芋というくらいで、長いので大変!?

長芋というくらいですから、長い形状です。キャベツや白菜など、大きな野菜も買うときについ冷蔵庫のスペースを気にしてしまいますが、長い野菜も同じです。

買ってきたら、まず生のまま食べます。太めのせん切りか拍子木切りにしてサラダや和え物に。ドレッシングは比較的何でも合いますね。表面のねばねば感と、サクッとした食感が同時に楽しめます。

残りは冷凍に。目的はコンパクトにすることなので、一番シンプルに、厚さ二センチほどの輪切りにして皮をむき、平らにフリーザーバッグにつめます。こうすると、長かった長芋が驚くほどコンパクトになります。

この保存の仕方なら、冷凍したあとは、このままの形で焼いてステーキにして食べてもいいですし、半解凍でたたいてもOK、さらに、凍ったまますりおろして使うこともできます。厚さ二センチの輪切りというのは、どう調理するにも、「ひとりごはん」の一回分にちょうどよいのです。ひとりごはんをゆたかにできるのが冷凍の魅力です。

ちょっと食べたいときに便利な保存法

私はとろろが好きで、朝ごはんにも少量あるとありがたいですし、いろいろなものに足します。納豆、うどん、そば、お刺身の他、小鉢を作るのに和え衣にも使います。ほうれんそうや小松菜などの葉物や、きのこ類などは、めんつゆで味つけして、とろろで和えると、のどごしがよいおいしい料理が作れます。お好み焼きを焼くときも、少量のとろろがあると、ふわっと仕上がります。使いたいときにすぐ使うために、私はすりおろしたとろろも常備しています。

ちなみに、とろろのねばねばには難消化性でんぷん（レジスタントスターチ）が含まれていて、血糖値の上昇をおだやかにしたり、血中脂質の減少を助けたりします。その昔は、生薬として滋養強壮のために食されていました。まさに、シニア世代にはもってこいの食材です。

最近はスーパーで見かけなくなった「山芋」。貴重な自然薯《じねんじょ》を始め、大和芋やつくね芋などが手に入ったときにも、同様の方法で冷凍できます。

大根

大きいうえに長い大根。一本買ったら、冷凍しておけばおいしさと栄養が閉じ込められて、料理のレパートリーも広がります。

厚さ4㎝の輪切りにして皮をむいた大根を縦にせん切りにしてフリーザーバッグに入れる。150g程度

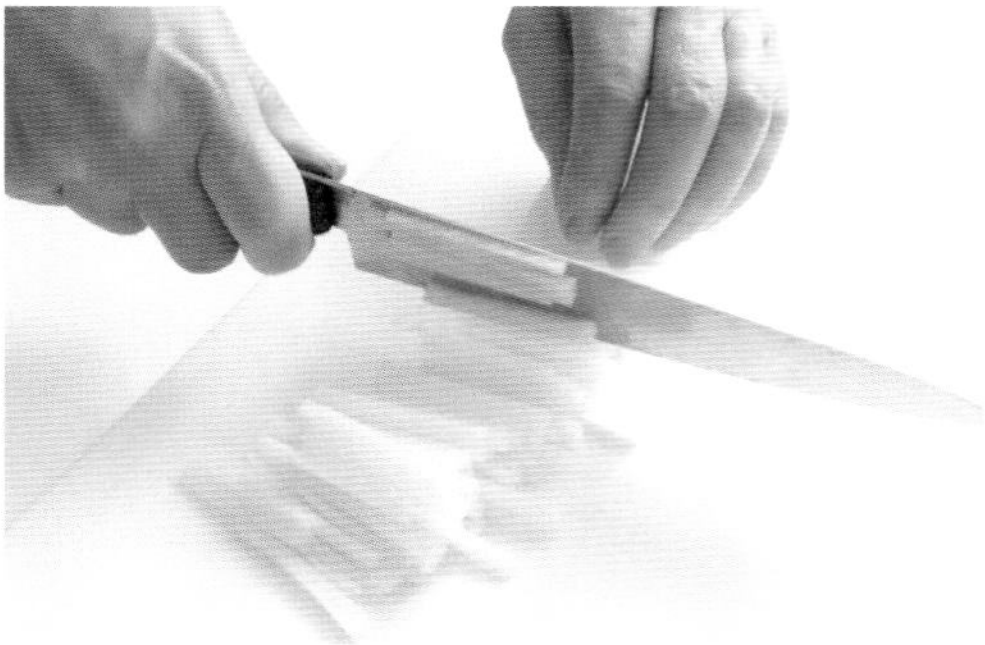

すりおろし、一度製氷皿で冷凍し、凍ったらフリーザーバッグに入れる

皮をむいて2㎝の輪切りにし、ふわっとラップをかけ、電子レンジ(600W)で3分加熱。

大根のみそ汁
凍ったまま汁に入れて加熱する

大根の甘酢和え
半解凍で水気を絞り、酢１：砂糖１塩少々をまぜて甘酢を作り、和える

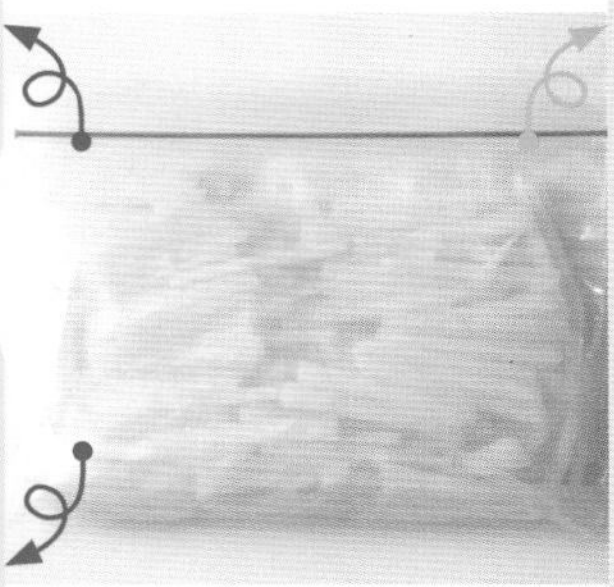

大根餅
半解凍で水けを絞った大根に片栗粉、小麦粉各大さじ２、桜えび、塩各少々を加え、ごま油を熱したフライパンで平らに焼く。酢じょうゆを添える

焼き魚や天つゆに添えたり、青菜やきのこなどのみぞれ和えに。１個ずつとり出して使えるので便利。

大根の煮物
凍ったまま鍋に入れ、薄めためんつゆで煮る

大根ステーキ
フライパンにバターを入れ、解凍した大根を焼き、しょうゆをたらす

おでん
大根の下ゆでは不要。さつまあげ、こんにゃくはさっとゆで、凍ったままの大根、他の具材とともに、だしで煮込む

油を使わない料理　油を使う料理　デザート、ドリンク　ちょい足しのアイデア

大根ほど楽しい食材はない

この本は冷凍の本ですから、まずお伝えしたいのが、「とりあえず冷凍」は、もうやめましょう、ということです。一つの食材と向き合ったときに、「どうやって食べようかしら?」と考えて、ある程度先を見越して冷凍する「段取り冷凍」をおすすめしたいのです。

「段取り冷凍」を考えるうえで、大根ほど楽しい食材はありません。それは、大根が実にいろいろな料理に使えるからです。

長芋と同じように長くて、生でも食べられる食材ですが、長芋以上に使い道があります。せん切りでも、薄切りでも、角切りでも、おろしても、どんなやり方でも基本的には冷凍できますし、冷凍したものも、自然解凍でも、煮ても焼いても、食べられます。

ただ、冷凍の長所を生かして、楽しておいしくいただくためには、切り方と調理法の組み合わせには工夫が必要です。

大根を一〇〇％味わいつくす「段取り冷凍」

私は主に大根は三パターンの冷凍法を常用しています。

一つめは太めのせん切り。冷凍した食材の基本的な使用法は、①生なら酢の物・和え物　②炒めるならとろみの多いあんかけなど　③汁物　の三つです。また、冷凍してしんなりとした大根は、粉となじんでまとまりやすいので大根餅もおすすめです。

二つめは大根おろし。焼き魚に添えたり、みぞれ和えにしたり、ちょっと使うのに、製氷皿一つ分は、ちょうどよいサイズです。

三つめは大きめの乱切りや厚さ二センチほどの輪切りにして、下処理して冷凍する方法。電子レンジで固めに調理して冷凍しておけば下ゆではいりません。粗熱をとってからフリーザーバッグに平らに入れましょう。おでんや煮物にするのに、冷凍した大根は、短時間の調理でも調味料が染みやすくなる、というメリットがあります。

玉ねぎ

料理に使って残った玉ねぎは薄切りにして保存。時間のあるときは、きつね色になるまで炒めて保存。玉ねぎはこの二通りの保存法を知っていれば、重宝します。

玉ねぎ（大）半個分（150g）を縦に薄切りにする

↓

きつね色になったぐらいでOK。完全あめ色になるまで炒めなくてもよいので時短になります

玉ねぎ（大）1個（300g）を薄切りにし、オリーブ油大さじ1で、15分炒める

玉ねぎのみそ汁

好きな分パキンと割って凍ったまま汁に入れて加熱する。朝食時など時間のないときに、便利

ピザトースト

パンに凍ったままのせ、チーズやハムと合わせてトーストする

カレーまたはシチュー

市販のレトルトカレーやシチューに凍ったまままぜて加熱する

肉じゃが

牛薄切り肉、冷凍玉ねぎ、にんじん、じゃが芋の順に炒め、水とめんつゆを加えて煮る

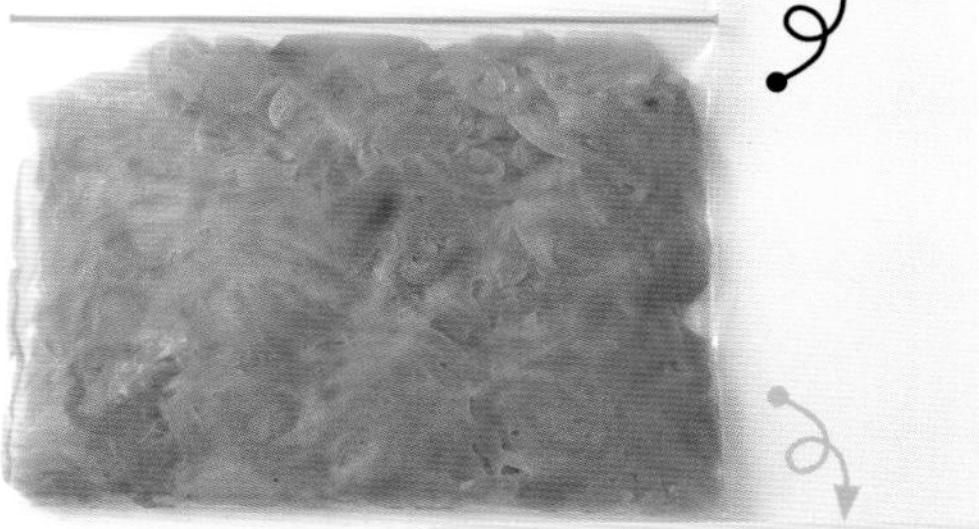

オニオンスープ

凍ったまま鍋に入れ、水と固形スープの素を入れて温める

ビーフストロガノフ

牛薄切り肉、冷凍きのこを炒め、冷凍玉ねぎ、ルーを加えて煮る

油を使わない料理　油を使う料理　デザート、ドリンク　ちょい足しのアイデア

半分余った玉ねぎを冷凍する場合

玉ねぎは、常温で保存してもそれなりに日もちがする食材です。あえて冷凍する必要はないですが、するべきタイミングは二つあります。

一つは、半分料理に使って、余ったとき。翌日すぐに使えればよいのですが、うっかり忘れてしまうと、切り口から腐敗が始まります。そうなる前に、冷凍しておけば、食材を無駄にしなくてすみます。

小さめならそのままラップに包んで、フリーザーバッグで冷凍しても問題はありません。すりおろして使う場合などは、そのまま好きな分すりおろして、もとに戻せば、何度も使えます。

切って冷凍する場合、私は、使い勝手が一番よいのは、薄切りだと思います。フリーザーバッグに納まりやすく平らにして冷凍しておけば、パキンと折って必要な分だけとり出せます。この薄切り玉ねぎなら、炒め物、スープ、煮物など、どれも問題なく利用できます。また1センチ大の角切りで保存しても同じように使えます。

冷凍するなら「あめ色玉ねぎ」は「きつね色玉ねぎ」でＯＫ

もう一つは、あめ色玉ねぎを作るとき。あめ色って実際どんな色か疑問に思われる方も多いですが、焦げ茶色です。焦げ茶色になるまでじっくり炒めた玉ねぎは、甘みが出て、実においしいものですよね。

水と固形スープの素を入れて煮ればオニオンスープがすぐできますし、炒め玉ねぎとチーズをバゲットにのせてトーストしても。それをコンソメスープに浮かべれば、即席オニオングラタンスープになります。肉じゃが、シチューなど和洋問わず使えて、料理の味をワンランクアップさせてくれます。

生の玉ねぎを、焦げ茶色になるまで炒めるのは、時間も手間もかかります。弱火でじっくり炒めるほど、おいしくなりますから、最低でも40～50分は必要でしょう。ところが、冷凍玉ねぎから作ると、水分が離脱している分、早く色づきます。さらに冷凍後に加熱すれば、すぐにあめ色になります。ですから、冷凍するなら、作るのは、「あめ色玉ねぎ」ではなく「きつね色玉ねぎ」でＯＫです。

ブロッコリー

シンプルに加熱してから保存したほうがよい野菜もあります。ブロッコリーの場合、ゆでるより、電子レンジ加熱のほうが、ビタミンCが損なわれずに調理できます。

ふり洗いしたあと、丸ごとポリ袋に入れ、袋に水（房が浸かるくらいまで）と塩少々を入れ、口を閉じて30分ほどおく

一個（約300g）を耐熱ボウルに入れ、ラップをかけて電子レンジ（600W）に約3分30秒かける

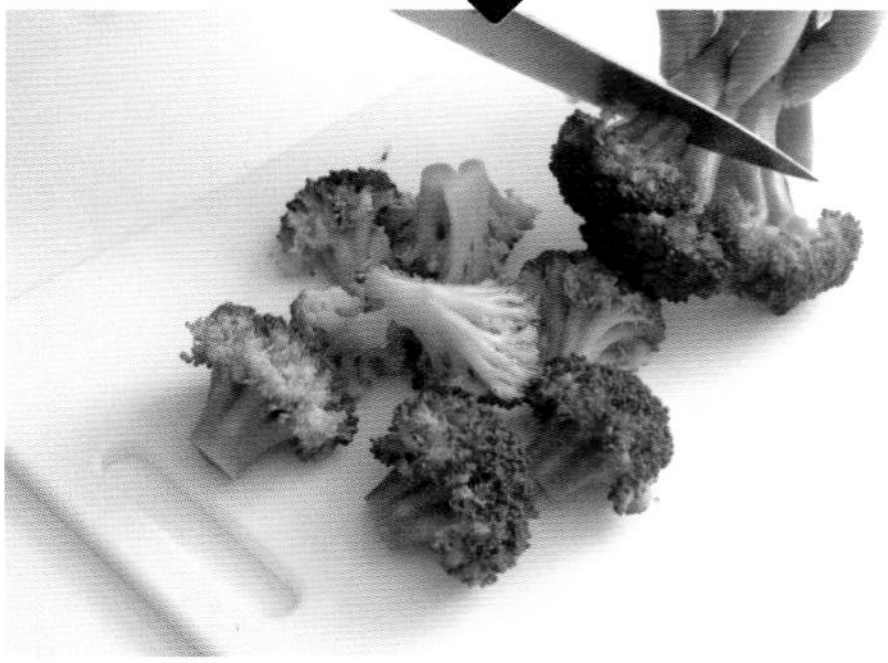

冷めたら小房に分け、軸の茎は厚くむき、食べやすい大きさに切る

ブロッコリーのグラタン
レシピ→P170

ブロッコリーのごま和え
レシピ→P168

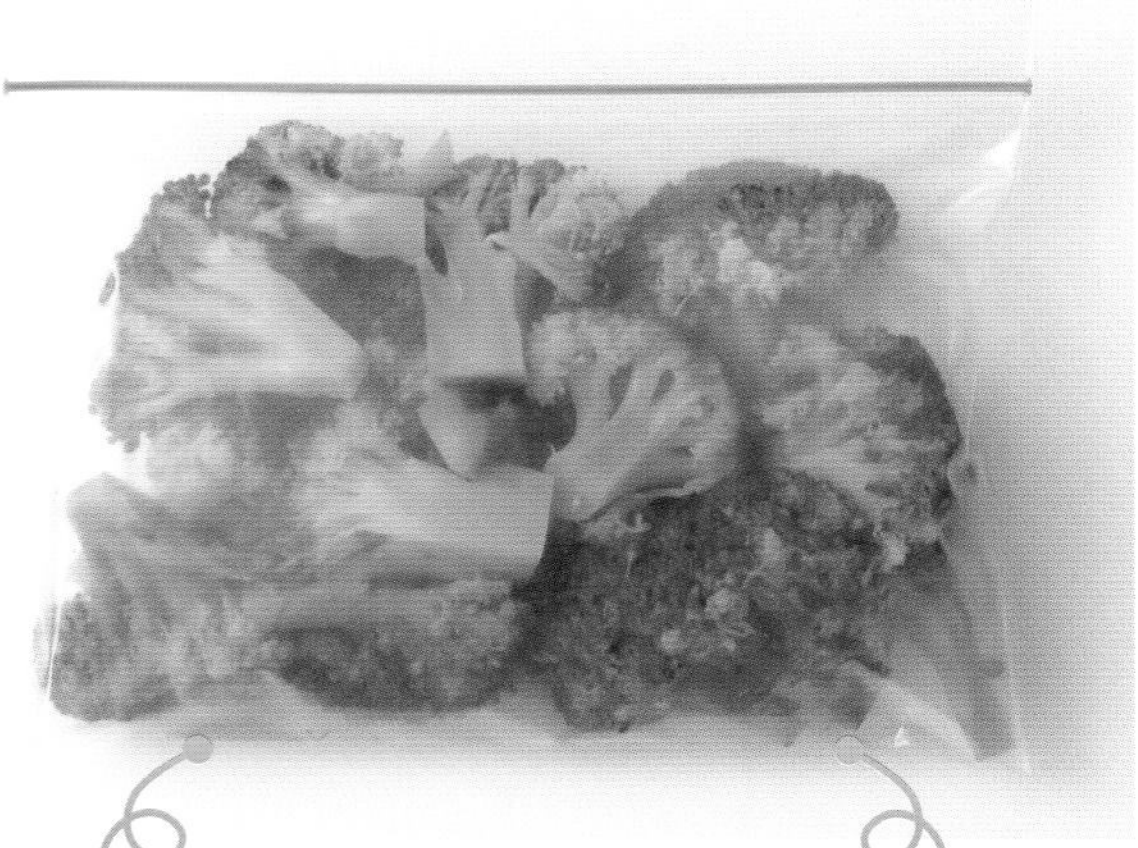

ブロッコリーのピカタ
半解凍で小麦粉を薄くまぶし、溶き卵をつけてフライパンで焼く

ブロッコリーのペペロンチーノ
半解凍で水けを切り、フライパンにオリーブ油とにんにくを熱して炒め、塩・こしょうで味を調える

油を使わない料理　油を使う料理　デザート、ドリンク　ちょい足しのアイデア

加熱してから保存したほうがよい理由

食品をシンプルに加熱してから冷凍保存することをブランチングと言います。ブランチングをする目的は、もちろん下ごしらえの意味もありますが、加熱によって食品に含まれる酵素の働きを弱めることです。

酵素の働きが弱まれば、色や香り、栄養素の変化を防ぎ、時間の経過による食品の品質劣化を食い止められるからです。ブランチングは、企業などでは、缶詰を作るときなどにも行われている工程で、実際には野菜や果物を、高温の蒸気や熱湯で短時間加熱処理しています。

家庭の場合は、鍋でさっとゆでるか、蒸し器で蒸すか、電子レンジで加熱することになりますが、一番手軽で栄養が逃げないのは、電子レンジ調理です。

例えばブロッコリーの場合、鍋でゆでると、含有されるビタミンCは半減しますが、電子レンジ調理の場合、ビタミンCは95％残ります。そして、ゆでるより調理時間を短くできます。

ブランチングの前に

下処理の話をしましょう。私たちが食べている部分は、ブロッコリーの蕾《つぼみ》にあたります。ですから、畑にいたときは、土や埃、ときには小さな虫が中にまぎれている可能性もあります。ですから、ブロッコリーを洗うときは、株元を持ってふり洗いにし、ポリ袋に水、塩（水1・5リットルに対して小さじ1）を入れ、袋を結んで三十分ほどおきます。最後にもう一度水でふり洗いをして、水けがついたまま耐熱ボウルに入れてふんわりとラップをかけて電子レンジで加熱します。

冷凍とは関係ない話ですが、実際、おいしく冷凍するためには、その食材がどういう状態で畑にいたかを知っていると、その知識はとても役に立ちます。手を抜ける所はどんどん抜いて楽をしたほうがよいですが、加熱の前にこれだけやっておくと、安心して食べられますね。

軸の硬い所も食べられますので、厚めに皮をむいて、捨てずに召し上がってください。

ほうれんそう

ほうれんそうの定番の下処理法。買ったらすぐにこの方法で冷凍しておけば、栄養もおいしさもそのまま。さまざまな料理に利用できます。薄く冷凍しておけば凍ったままソテーもＯＫ。

一把（２００g）をゆでて水けを絞り、さらにしょうゆ小さじ１をかけて絞る。こうすれば水っぽくなりにくい

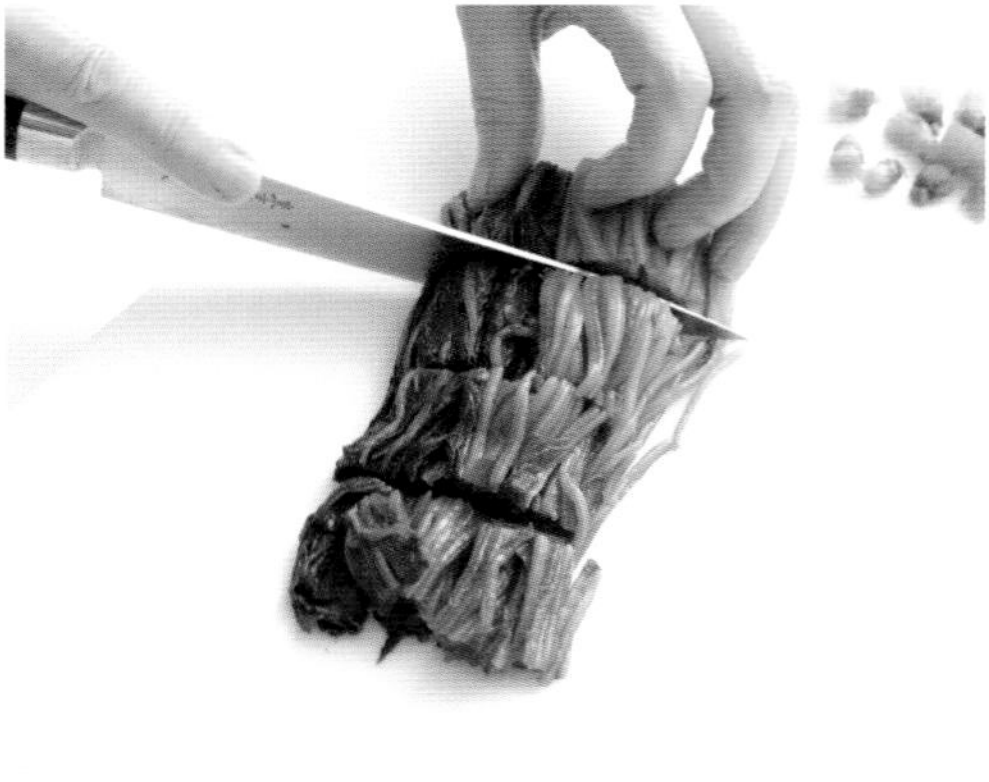

３㎝ぐらいになるように切る

ほうれんそうのみそ汁

好きな分パキンと割って凍ったまま汁に入れて加熱する。朝食時など時間のないときに、便利。溶き卵とともにかきたま汁にしても

ほうれんそうのごま和え

レシピ→P168

これでもできる

春菊、小松菜、青梗菜など

ほうれんそうのグラタン

レシピ→P170

ほうれんそうのオムレツ

凍ったまま卵液にまぜ、ハムやベーコンを加えてフライパンで焼く

ほうれんそうのソテー

凍ったままフライパンでハムやベーコンとともに炒め、塩・こしょうで味を調える。ベーコンの代わりに桜えび、コーン、きのこもおすすめ

油を使わない料理　油を使う料理　デザート、ドリンク　ちょい足しのアイデア

生のまま冷蔵庫で保存してはいけない食材

キャベツや白菜のように大きいわけでもなければ、長芋や大根のように長いわけでもありませんが、すぐにしなびてしまうのがほうれんそうや小松菜などの青菜の仲間です。

シニア世代に必要なカルシウムや鉄、マグネシウムなどのミネラルや、脳の若さを保つのに欠かせない葉酸など、栄養価が高いのですが、一人じゃ食べきれないから、と買うのを躊躇《ちゅうちょ》される方も多いのではないでしょうか？

新聞紙に包んで、冷蔵庫に入れておいても、鮮度が保たれるのはせいぜい一〜二日ほど。その間にビタミン類もどんどん減ってしまいます。また、ゆでて冷蔵した場合もせいぜい三〜四日ほどしか日もちしません。

でも、さっとゆでてから冷凍すれば、一カ月はゆうにもち、こまめに使いこなすことができます。

これは、春菊や小松菜、青梗菜《ちんげんさい》、水菜なども同じです。

どんな料理にも使える下ごしらえの仕方

やはり冷凍で大事なのは「水分問題」です。水分問題の解決法は二つあり、①加熱する　②塩でもむ　という話をしましたが、ほうれんそうの場合は次の二つの手順で解決できます。①ゆでて絞る　これでアクもぬけて、ある程度水分が排出されます。そして、②少量のしょうゆをたらして絞る　こうすることで、塩もみの代わりになり、解凍後に水っぽくなるのを防ぐことができます。こうしておけば、和え物にも炒め物にも汁物にも、すぐに使えます。

これだけで、おいしく食べられる期間が、一カ月にのびるのです。たとえ一人暮らしでも、二人暮らしでも、一把買って、余ったら冷凍すればよいのです。ビタミン類が多く甘みがある旬のお買い得なときは、二把買って、二把同時に下処理をして食べられる分だけ食べて、残りは冷凍しておくと経済的です。

フリーザーバッグに入れるときは、おひたし一人分などを少量ずつラップに包んでから入れるか、または、平たく入れれば食べたい分だけ割ってとり出せます。

にんじん ごぼう

にんじんもごぼうも、日もちする根菜ですが、火が通るのに時間がかかるので、加熱してから冷凍しておけば「時間貯金」に。少量ずついろいろな料理に使い回せます。

保存がきく切り方

1本（約160g）を10cm長さの四つ割りにして、水½カップとめんつゆ大さじ1で汁けがなくなるまで煮る

使い勝手がいい切り方

1本（160g）を細い所は半月切り、太い所はいちょう切り（どちらも厚さ1cm）にして、水½カップと固形スープの素½個で煮る

ごぼうスティック

半解凍で片栗粉をまぶし、フライパンで揚げる。揚げたてに、粉チーズ、ごま、青のりなど好みのものをまぶす

たたきごぼう

自然解凍して、めん棒でたたき、長さを半分に切って、すりごま、砂糖、しょうゆで和える

ごぼうの肉巻き

凍ったまま牛薄切り肉で巻いて、フライパンで転がしながらソテーし、酒、しょうゆ、みりん、砂糖で煮る

ポタージュ

レシピ→P164

にんじんのグラッセ

凍ったまま、少量のバター、砂糖とともに鍋に入れて汁気がなくなるまで弱火で煮る

カレーまたはシチュー

市販のレトルトカレーとともに凍ったまま鍋に入れ、加熱する。シチューも同様に

ポテトサラダ

じゃが芋（P154参照）、にんじんは解凍し、輪切りのきゅうりとともにまぜて、マヨネーズで和え、塩・こしょうで味を調える

油を使わない料理　油を使う料理　デザート、ドリンク　ちょい足しのアイデア

ごぼうは香り、にんじんは彩りをプラスしてくれる高食物繊維の野菜

加熱してから冷凍したい食材の代表がごぼうとにんじんです。加熱後に冷凍すると火の通りが早くなり、味も染み込みやすくなります。

ごぼうは少量でも煮物や汁物に入れると香りがよくなります。また食物繊維が豊富なので、腸内環境をよくするのに役立ちます。

にんじんはβカロテンが豊富で、体内でビタミンAに変わり、のどや鼻の粘膜をしっとりさせ、細菌やウイルスの侵入を防ぎ、風邪予防に役立ちますし、料理に少し入れるだけで彩りがよくなります。

ごぼうはささがき、にんじんはせん切りにして、生のまま冷凍することもできますが、予《あらかじ》め加熱してから冷凍することで、短時間でも火が通るので、調理時間の短縮にもつながります。

冷蔵庫でにんじんやごぼうがしなびてしまう前に冷凍保存すれば、ムダなくより長く、利用できます。

保存がきく切り方、使い勝手がいい切り方

ごぼうを加熱後に冷凍保存する場合は、棒状に切るのがおすすめです。フリーザーバッグに入れて保存する場合、できるだけ空気を抜くことが酸化を防いで長もちさせるコツです。また、棒状に切ったごぼうは、フリーザーバッグに納まりやすく、冷凍室の中で縦に収納しやすいからです。

にんじんは、半月切りかいちょう切りにしておくと、火も通りやすく、和洋問わず応用がききます。あっさりと下味をつけて煮ておくことで水分が出て、さらに冷凍することで細胞膜が壊れるので、味が染み込みやすく、調理時間も短縮できます。これこそ賢い時短料理のコツといえます。

冷凍保存のごぼうを、半解凍で片栗粉をまぶして油でカラリと揚げた「ごぼうスティック」はわが家の人気メニューです。ささがきで冷凍したものは、蒲焼缶とともに煮て、卵でとじて柳川風にするとご飯のおかずにぴったりです。冷凍にんじんは必要な分だけとり出して、一人分のけんちん汁や、炒め物に利用できます。

じゃが芋

そのままではごろごろと場所をとるじゃが芋やかぼちゃも、つぶして冷凍保存すれば、コンパクトになります。時間と体力があるときに、あとのことを考えてやっておく「手間貯金」の冷凍術です。

皮つきで2個（300g）を四つ割りにして耐熱ボウルに入れ、水少々をふってふんわりラップをかけて、電子レンジ（600W）で約5分加熱

粗熱がとれたら、皮をむき、牛乳50㎖、バター大さじ1、塩小さじ½、こしょう少々を用意する

つぶしてすべての材料をまぜ、フリーザーバッグ（小）二つ分に分けてつめる

これでもできる

かぼちゃ、
さつま芋、
里芋など

菜箸などで溝をつけておくと、線にそって割って使えるので便利です

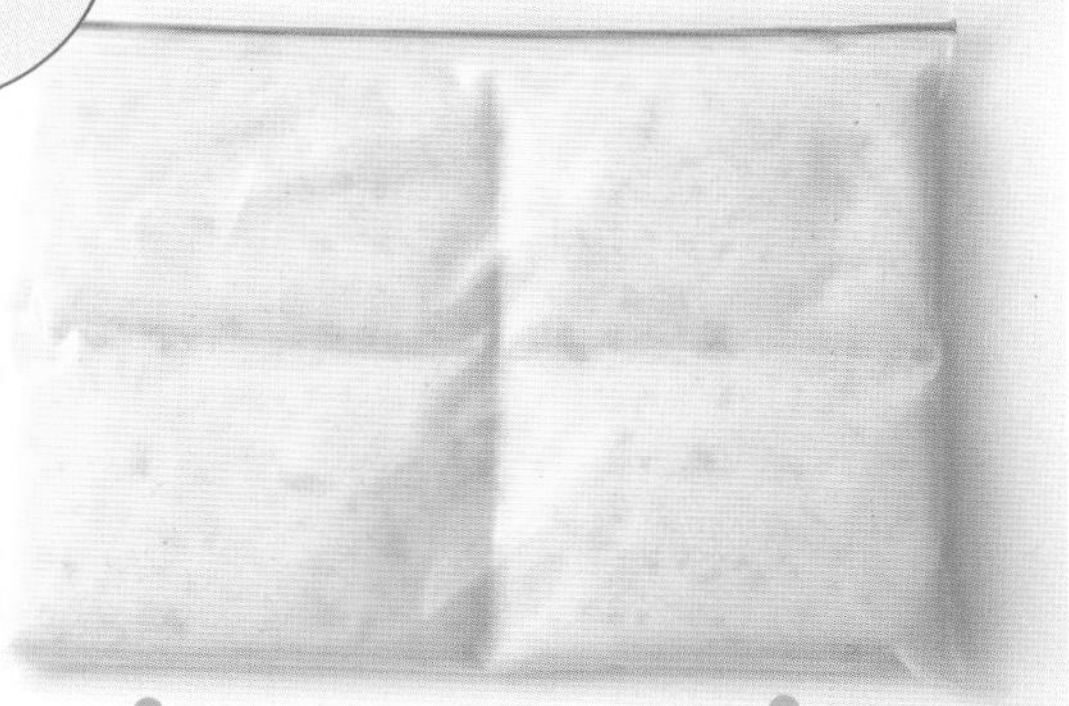

ポテトチーズ焼き

解凍後に耐熱皿に入れ、上にピザ用チーズをのせて、オーブントースターで焼く

マッシュポテト

必要な分をとり出し、電子レンジで解凍して、肉料理や魚のソテーなどの付け合わせに

焼きコロッケ

フライパンでバターを溶かし、パン粉を炒めて粉チーズをまぜて、「炒めパン粉」を作っておく。電子レンジで解凍して俵形に丸め、炒めパン粉をまぶして、オーブントースターで焼く

じゃがいものポタージュ

凍ったまま鍋に入れ、牛乳を加えて弱火で温め、塩・こしょうで味を調える

油を使わない料理　油を使う料理　デザート、ドリンク　ちょい足しのアイデア

冷蔵庫内で場所をとる邪魔なものはつぶして冷凍

じゃが芋は、常温でも保存できますし、冷凍しなければならないわけではありません。でも、芽が出る前に食べきりたいものです。

そんなときは、加熱してからつぶして保存します。じゃが芋に限らず、でんぷんの多いさつま芋、里芋、かぼちゃも同じように加熱してからつぶして保存していきます。この方法を知っていれば、夏の終わりに買った完熟かぼちゃもずっとおいしく食べられます。

でんぷんが多いこれらの食材は、加熱するとでんぷんが糊状になるため、ビタミンCの損失が少ないのが特徴です。また、さつま芋の黄色はカロテンが多い証拠。里芋は芋類の中でもカロリーがさつま芋の半分と低いのが特徴です。

健康維持のためには毎日100グラムの芋類を摂るのがよいとされています。つぶして平らにフリーザーバッグに入れておけば、いつでも必要な分だけとり出して、一人分でも簡単においしく調理できます。

仕上げず、途中で冷凍保存するのがおすすめ

じゃが芋を電子レンジで温めてつぶして冷凍する、という単純なものですが、ポイントは二つあります。

一つは、バターなど油分を加えること。でんぷん質が多い食材は、油分なしでは、解凍後に舌ざわりが悪くなったり、味が落ちたりします。余談ですが、カレーを冷凍する際大きいじゃが芋はとり出しておくこと。冷凍するとスカスカになります。

もう一つは、できるだけ薄くのばして平たく冷凍することです。薄くすることで冷凍効率がよくなり、食材の劣化を防げます。また、その際、菜箸などで十字に溝をつけておくと、パキンと割って一回分を楽にとり出せます。

この状態で保存しておけば、さまざまな料理に使えます。全部作り上げてしまってから冷凍すると、その料理しか食べられませんが、途中なら、冷凍室から出した日に、食べたいものにアレンジして献立のバランスをとることもできます。私は「仕上げず途中まで」で冷凍するスタイルが好きです。

鶏ひき肉

とても使い勝手がよく、ぜひおすすめしたいのが鶏そぼろの冷凍です。鍋でさっと煮るだけのシンプル調理。シニア世代のたんぱく質不足解消に役立つ一品です。

鶏ひき肉200gに、酒、みりん、砂糖各大さじ1、しょうゆ大さじ2を加えて、火にかける前に菜箸などでよくまぜておく

火にかけてかきまぜながら、パラパラになるまで煮る

三食そぼろ丼

炒り卵を作る。きぬさやをゆでて斜め切りにする。自然解凍したそぼろとともにご飯にのせる

青菜のそぼろかけ

ゆでた青菜に電子レンジで解凍したそぼろを適量かける

これでもできる

鮭、たら、鯛、高野豆腐など

そぼろ入りだし巻き卵

卵を溶きほぐして、解凍したそぼろと刻みねぎを適量加え、油を引いた卵焼き器に流し入れ、ふんわりと焼く

豆腐のそぼろのせ

冷やっこ、または、温やっこ（電子レンジで温める）に解凍したそぼろをのせる

油を使わない料理　油を使う料理　デザート、ドリンク　ちょい足しのアイデア

いろいろ冷凍してみて一番のおすすめはこれ！

本当に役に立つ冷凍テクニックだけを絞ってご紹介してきましたが、私のお気に入りの一つは、鶏ひき肉で作る鶏そぼろです。わが家の冷凍室には、もう長年常備して重宝しています。

作り方のポイントは二つあります。

一つは、鍋にひき肉と調味料を入れたら、火にかける前によくまぜておくこと。こうすることで、きめ細かくきれいなそぼろに仕上がります。

もう一つは、しっかりめに味つけすること。というのも筋肉維持のためにたんぱく質をまとめて摂るという目的の他に、「ちょこっとずつ」たんぱく質をプラスするという目的にも使ってほしいからです。

ちょっともの足りないからもう一品用意したいと思ったときは、温やっこにのせたり、焼きなすにかけたり、おひたしにかけたり、野菜炒めに加えるなど、使い道はいろいろあります。

いろんな食材で作れるそぼろ

鶏ひき肉の他、牛ひき肉や豚ひき肉、合いびき肉など、他のひき肉でもできます。牛、豚、合いびき肉で作るときは、しょうがやにんにくのみじん切りを加えます。

また、高野豆腐でもできます。たんぱく質が豊富な高野豆腐は、シニア世代にもおすすめの食品です。高野豆腐はそのまま、おろし金ですりおろしてそぼろ状にしてだしを加えれば、あとは同じ作り方です。最近の研究で高野豆腐に含まれるレジスタントプロテインに食後の血糖値の上昇を抑える働きがあることが分かり、注目されています。粉末状の高野豆腐フレークも売っているので、それを使えば、おろす手間が省けます。

魚のそぼろも簡単にできます。塩鮭なら、切り身に少量の酒をふりかけて、電子レンジで加熱し、細かくほぐして冷凍保存します。たらなどの白身魚の切り身でもできます。塩だらなら味つけもいりません。鯛なら高級感漂うそぼろになります。冷凍しておいて、ちらし寿司などに使えばお客様がいらしたときにも重宝します。

素材別冷凍メモ

日もちしないものもムダなく利用

一人分、または二人分など少人数の料理を作るときは、使い残しの材料が余ることがあります。そんなときも、傷む前に冷凍保存しましょう。日もちしないものもムダなく利用できます。

卵　生卵はラップで包んでそのまま冷凍保存できますし（P102参照）、溶き卵にして容器に移して冷凍保存することもできます。ハンバーグや肉だんごなどを作るときに使った溶き卵が残ったときも、すぐに使用しない場合は小さな容器に入れて冷凍保存します。

厚揚げ・油揚げ　使いやすい大きさに切り分けてからフリーザーバッグに入れて冷凍保存し、一カ月をめどに使い切るようにします。

豆腐　食べやすい大きさに切ったものを冷凍保存できますが、水が結晶して穴があくので高野豆腐のような食感になり、だしが染み込みやすくなります。

納豆　パック入りの納豆が食べきれないとき、早めに冷凍保存しておけば自然解凍で納豆オムレツや納豆チャーハンが作れます。

プレーンヨーグルト　はちみつやメープルシロップ、ジャムなどをまぜて冷凍しておき、半解凍でミキサーにかけるとシャーベットになります。

生クリーム　ホイップして砂糖やバニラエッセンスを加えて冷凍します。パンケーキや果物に添えて食べます。

牛乳　製氷皿に入れて冷凍し、凍ったら保存袋に移します。アイスコーヒーに入れたり、シチューやポタージュを作るときに必要な分をとり出して使います。

ピザ用チーズ　冷凍で一カ月は保存できます。凍ったまま利用できます。

ギョウザや焼売・春巻きの皮　ラップに包んでからフリーザーバッグに入れて冷凍します。凍ったまま一口大にパキンと折ってスープやみそ汁に加えると、やさしいとろみがついて体も温まります。

第五章
冷凍お役立ちレシピ

ポタージュ

ごく少量のご飯を入れることで、とろみがついてのど越しがよくなります

◆使用する冷凍素材

次のうちどれか1種類
または2～3種類まぜて合計120～160gに

きのこ→P118
1袋（120g）

パプリカ→P118
1袋（160g）

にんじん→P150
1袋（160g）

◆ポイント

好みのフリーザーバッグ（小）1袋分の素材があれば作れますが、玉ねぎ（P138上）¼袋（約40g）を炒めてから足すと、風味が増しておいしくできます。

冷凍した食材はミキサーで崩れやすいので、ポタージュに向いています。室温に置いて半解凍してから使います。

◆材料（2人分）

バター　大さじ1
冷凍素材　120〜160g
冷凍玉ねぎ↓P138上参照
¼袋（約40g）
A
水　カップ1（200ml）
固形スープの素（洋風）½個
ローリエ（あれば）小1枚
ご飯　茶碗¼ほど（40g）
牛乳　カップ½〜1（100〜200ml）
塩・こしょう　適量
浮き実（万能ねぎ、パセリ、クルトン、クラッカーなど）適宜

◆作り方

① 鍋にバターを溶かし、玉ねぎと冷凍素材を順に炒め、Aを加えてやわらかくなるまで煮る

② 粗熱がとれたらローリエをとり出し、ミキサーにかけ、なめらかになるまで攪拌する

③ ②を鍋に戻し、牛乳を加えて温め、塩・こしょうで味を調える

④ 盛りつけて好みで浮き実を飾る

マリネ

冷凍素材二種を組み合わせて作るマリネ。
トーストにのせたりパスタソースにも

◆使用する冷凍素材

次の2種類をまぜて合計140gに

きのこ→P118

½袋（60g）

パプリカ→P118

½袋（80g）

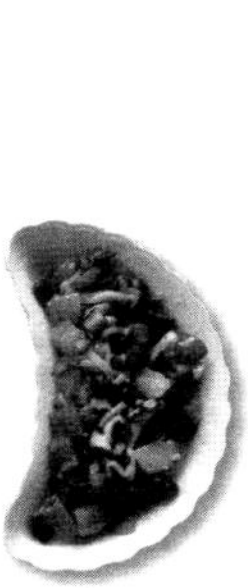

◆ポイント

フリーザーバッグ（小）½袋分を2つ組み合わせて作れます。凍ったまま鍋に入れて調理でき、一度冷凍した素材は、組織がスポンジ状になっているので、味がしっかり染み込みます。

冷蔵庫で一週間ほど保存できますので、朝食でトーストにのせたり、昼食でパスタソース代わりにもなります。

◆材料（2人分）

オリーブ油　大さじ1
にんにく（みじん切り）　小1かけ分
A
- **冷凍素材**　140gほど
- **固形スープの素**（洋風・砕いておく）½個分
- **ローリエ**（あれば）　小1枚
- **タイムまたはローズマリー**　適宜

酢　大さじ1
塩・粗びき黒こしょう　適量

◆作り方

①鍋にオリーブ油、にんにくを入れて中火で炒める

②Aを入れてふたをして5〜6分火を通す

③ふたをとって酢を加え、2〜3分炒めて、塩・こしょうで味を調え、冷ます

ごま和え・ピーナツ和え

好みの和え衣で和えるだけ。
素材と和え衣の組み合わせ次第で、毎回違う味が楽しめます

◆使用する冷凍素材

次のうちどれか1種類

ブロッコリー→P142
½袋（150g）

ほうれんそう→P146
½袋（100g）

ごぼう→P150
⅔袋（約110g）

◆ポイント

好みのフリーザーバッグ（小）½〜⅔袋分の素材があれば作れます。基本は、冷凍食材を自然解凍して、和え衣で和えるだけの簡単料理です。

必要であれば、ブロッコリーはさらに小房にわけたり、青菜やごぼうは食べやすい大きさにカットしましょう。和え衣を変えるだけで、同じ食材も飽きずに楽しめます。

◆材料（2人分）

冷凍素材　100〜150gほど

ごま和え
- **すりごま**　大さじ2
- **砂糖、みりん、しょうゆ**
- 各大さじ½

ピーナツ和え
- **ピーナツバター**（加糖）大さじ2
- **砂糖、しょうゆ、みりん**
- 各小さじ1
- **酢**（好みで）小さじ1

◆作り方

① 冷凍素材を電子レンジで解凍して、大きければ食べやすい大きさにする

② 調味料をまぜて好みの和え衣を作る

③ ②で和える

コーングラタン

食べやすくてカロリーオフ！
コーン缶で作れるシニア世代のためのグラタンです

◆使用する冷凍素材
次のうちどれか1種類

ブロッコリー↓P142
½袋（150g）
ほうれんそう↓P146
1袋（200g）
じゃが芋↓P154
½袋（150g）

◆ポイント

好みの野菜が入ったフリーザーバッグ（小）が½〜1袋あれば作れます。自然解凍した素材を具にして、ホワイトソースの代わりに、クリームコーン缶を使ったレシピです。

ふわふわした食感でのどごしがよく、カロリーオフになっています。一品でたんぱく質やビタミン、ミネラルがしっかり摂れます。

◆材料（2人分）

バター　適量

A［**冷凍素材**　150～200gほど
ロースハム（短冊切り）　2枚分
クリームコーン（小缶190g）1缶分

B［**卵**　1個
牛乳　カップ¼（50ml）

ピザ用チーズ　適量

パン粉　適量

パセリ（みじん切り）　適宜

◆作り方

①浅めのグラタン皿にバターを塗る

②電子レンジで解凍した冷凍素材とハムをまぜ合わせて①に入れ、Bもまぜ合わせて上にかけ、チーズとパン粉をちらす

③オーブントースター（1000W）で、チーズが溶けるまで12～15分ほど焼く

④好みでパセリを散らす

おわりに

「衣食住」ということばがあります。私の場合は、「食住衣」という順位になっていますが、生きるうえで不可欠なこの三つの要素。どれもみな、ずっと同じままでは生きていかれない、と感じています。

加齢とともに自分自身の体調や体形も変わりますし、世の中も変わります。それを教えてくれたのは、長年「食」を仕事にして、食について考えてきた経験だと思います。私が最も大切にしているのは一日三度の食事です。よく、仕事の切りがつくまで食事をしない、という方がいらっしゃいますが、私は一日三回、食事の時間を決めて、その時間に合わせて暮らしを回しています。

食事の時間に規則性があると、自律神経のバランスが保ちやすく、体と心が安定するからです。最近同世代の方々から、家族のために料理をすることから卒業したい、料理がめんどう、作りすぎて同じものを食べ続けるのがストレスになる……という声をよく聞きます。また、市販のお惣菜やレトルト食品などが並び、作らなくても食べられる時代になり、作って食べることの順位が低くなりつつあります。

でも、店頭に並んだ旬の野菜や果物、魚介類は栄養価も高く、値段も手ごろです。それを小分けにして冷凍保存しておけば、手をかけなくてもあり合わせの食材で栄養バランスのよい一品を仕上げることができます。健康にはこだわりたいけれど、時間や手間は省きたいという方におすすめです。シンプルな料理法や味つけで冷凍保存すれば、あれこれアレンジでき、工夫することで段取り力が向上し、「脳活」にもつながります。

自分で作って食べることは、心を整えることにもつながります。これまでの知恵とセンスで、身構えず、ふだん通り、自分のために料理しましょう！　どんなことがあったときでも、自分の食事を自分で整えられたら、何があっても大丈夫です。そのとき、役に立つのが食品の冷凍保存です。

この本を書いている間に世の中は大きく変わりました。いままで六十冊以上本を執筆してきましたが、打ち合わせも撮影もすべてオンラインで作った本はこの本が初めてです。いくつになっても、新しいことに挑戦して、変化を受け入れ、選択していくことができれば、退屈することはありませんね。

二〇二〇年秋

本多京子

素材名◆索引

料理名 ◆ 索引

● 著者プロフィール
本多 京子（ほんだ・きょうこ）

医学博士・管理栄養士。
実践女子大学家政学部食物学科卒業後、早稲田大学教育学部体育生理学教室研究員を経て、東京医科大学で医学博士号を取得。日本体育大学児童スポーツ教育学部では「子供の食と栄養」を35年担当し、プロ野球などスポーツ選手に対する栄養指導や日本紅茶協会ティーインストラクター会長、ハーブとアロマテラピーの専門店の経営などを行う。国民運動「新健康フロンティア戦略」の健康大使を10年、食育学会理事を10年つとめ、現在はNPO法人日本食育協会理事。栄養や食に関する著書は60冊を超える。テレビやラジオ、雑誌では健康と栄養に関するアドバイスやレシピを多数作成。ＮＨＫ『きょうの料理』『趣味どきっ』その他に出演。

編集協力　内田 いつ子　　装　幀　(株)イオック（目崎 智子）
写真撮影　渡辺 七奈　　本文組版　(有)ダイワコムズ
校　閲　田村 和子

シニア世代《せだい》の食材《しょくざい》冷凍《れいとう》術《じゅつ》
楽《らく》らく、ムダなく、健康《けんこう》に

2020年10月27日　第1刷発行
2021年 8 月 6 日　第2刷発行

著　者　本多《ほんだ》京子《きょうこ》
発行者　鈴木章一
発行所　株式会社講談社
〒112-8001　東京都文京区音羽2-12-21
販売 03-5395-3606
業務 03-5395-3615

KODANSHA

編　集　株式会社講談社エディトリアル
代　表　堺 公江
〒112-0013 東京都文京区音羽1-17-18　護国寺SIAビル
編集部 03-5319-2171

印刷所　株式会社東京印書館
製本所　株式会社国宝社

ISBN978-4-06-521047-5